高情商交际法则

郎树成◎著

煤炭工业出版社
·北京·

图书在版编目（CIP）数据

高情商交际法则/郎树成著. - - 北京：煤炭工业出版社，2019

ISBN 978 - 7 - 5020 - 7326 - 8

Ⅰ.①高… Ⅱ.①郎… Ⅲ.①人际关系学—通俗读物 Ⅳ.①C912.11 - 49

中国版本图书馆 CIP 数据核字（2019）第 054825 号

高情商交际法则

著　　者	郎树成
责任编辑	高红勤
封面设计	程芳庆
出版发行	煤炭工业出版社（北京市朝阳区芍药居 35 号　100029）
电　　话	010 - 84657898（总编室）　010 - 84657880（读者服务部）
网　　址	www.cciph.com.cn
印　　刷	玉田县昊达有限公司
经　　销	全国新华书店
开　　本	880mm×1230mm $^1/_{32}$　印张　6　字数　150 千字
版　　次	2019 年 4 月第 1 版　2019 年 4 月第 1 次印刷
社内编号	20181183　　定价　30.80 元

版权所有　违者必究

本书如有缺页、倒页、脱页等质量问题，本社负责调换，电话:010 - 84657880

前言

随着时代的发展,人与人之间的交流越来越密切,我们与外界的联系也越来越频繁,因此,人与人之间的交往也变得必不可少,并且格外重要。然而由于社会节奏的加快,我们很多时候并没有那么多的时间去全面彻底地了解一个人,也没有充足的时间让别人全面彻底地了解我们,这个时候,社交艺术就显得尤为重要了。如何快速地在社交场合中占据有利地位;如何利用最有效的方式达到我们的社交目的,为彼此都节省出更多的时间和精力;如何让社交成为我们实现自己人生价值的"得力助手",而不是我们走向成功的"绊脚石"……这些显然都离不开社交的艺术。虽然很多人都意识到了社交的重要性,但却并不是每一个人都能够进行高效有用的社交。

如果你觉得社交是一种累赘,觉得社交是一种痛苦,或是觉得社交太吃力,根本得不到什么好的回应,那么就说明你在社交上出现了问题。很多时候不是我们不愿意社交，也不是我们排斥社交，而是我们不知道该如何社交。有了好的出发点，并不代表就能够与别人进行高效有用的社交。即使是一个有着多年社交经验的人，也不见得在任何时候都没有无效社交，何况很多人刚入职场，什么经验都没有。都说"时间是最好的老师"，对于大多数人而言，时间和经验确实可以提高一个人的社交能力，但是这并不代表刚入职场的新手就不能有高效社交。因为社交有一定的捷径可走，也有一些禁忌的地方我们可以提前注意。能够发现这些捷径以及避免这些禁忌，对每一个人来说都会受益匪浅，并且能够快速地学习到如何更有效地社交。

  本书结合丰富翔实的案例，详细地向读者介绍了在人际交往中要遵守哪些黄金法则，从多种角度来帮助读者提升情商，力争使读者成为社交达人。

作者
2019.4

目录

第一章 时间诚可贵，交际须有效

成熟人格的社交观念　　002
社交圈并非越大越好　　005
社会社交法则　　009
"择友"是一门交际艺术　　012
社交，不等于吃喝文化　　016
适当拒绝他人的邀请　　019

第二章 社交是门技术活

谨记"交浅不言深"　　024
正视群发拜年短信　　027
别让"改天请你吃饭"成为虚妄　　031

没有能力，人脉都是零　　　　　　　　034
没有永远的敌人　　　　　　　　　　037
诚信是铺设人脉网的关键因素　　　　041

第三章　与『贵人』交心，社交省时省力

开辟"贵人"社交通道　　　　　　　046
借助名人威望　　　　　　　　　　　049
与"贵人"常沟通　　　　　　　　　052
主动接近，让"贵人"心动　　　　　056
怎样结识交际枢纽式的人物　　　　　059

第四章　社交潜规则，高情商的人都懂

不能忽视面子工程　　　　　　　　　064
及时沟通，消除误会　　　　　　　　067
不同场合，用不同的方式对待一个人　070
不该说的话装作不知道　　　　　　　074
眼神交流，让你更胜一筹　　　　　　077
与人交谈，我们应该注意什么　　　　080

第五章　言行低调，学会维护人际关系

不张扬自己的优势　　　　　　　　　084
不恃才傲物　　　　　　　　　　　　087

多说不如多做 090
用商量的语气跟人交流 094
背后说坏话，朋友变敌人 097

第六章　善用形象魅力的『圈粉』技巧

笑容——打开社交之门的钥匙 102
手的动作——传递社交潜在信息 105
着装得体——让人眼前一亮 109
注意行走站立——得体优雅地社交 113

第七章　正确的社交礼仪可避免无效社交

场合不同，服饰不同 118
仪容仪表，社交必修课 122
选择适当的护肤品和化妆品 125
特殊人群，特殊礼节 129
白领女士的忌讳 133
合适的举止礼仪很重要 136

第八章　细节把控，让你成为社交达人

绅士不能没有的细节 140
爱的五种语言须细细把握 144

如何有效地安慰一个人？	149
会不会道歉，决定了关系的走向	152
认识抱怨背后隐藏着的真相	156
利用语气变化，让你成为"社交宠儿"	159

第九章　适度幽默，在欢乐中构建人脉体系

冷笑话少讲为妙	164
开玩笑要分清对象	167
学几个幽默的笑话没坏处	170
用幽默化解尴尬气氛	173
幽默的人人缘好	177
幽默是一种闪闪发光的品质	181

CHAPTER 1

第一章

时间诚可贵,交际须有效

成熟人格的社交观念

生存在社会上的每个人都不免要和别人交往，都不能没有自己的社交圈，可是，很多人并不一定有足够成熟人格的社交观念。在社交中，我们不能成为别人社交中的被动者，相反要有自己独特的社交观念。一种好的社交观念，能够给我们带来更多有效、有用的社交效果。

很多人一味地认为社交就是与别人一起吃饭喝酒，当别人邀请自己时不推辞，当自己有空时就请别人吃个饭；认为如果自己帮助别人，别人也会帮助自己。到最后可能才会意识到，社交中有许多复杂的东西，并不是简单的吃饭喝酒就能解决问题；在自己需要帮助的时候，自己曾拼命去帮助的那个人可能也会躲在一旁看自己的笑话。

朋友小辉最近刚晋升为部门总经理，这是他一年内第三次升职。小辉在部门工作已经三年了，刚入职时，他对自己该做的工作兢兢业业，对领导的吩咐毕恭毕敬，不管什么工作他都竭尽全力地完成；同事或者下属需要帮助时，他也会尽可能去帮助对方，以至于有时候耽误了自己的私人时间。小辉觉得只要用真诚和别人交往，就一定能够换回应有的回报。可是后来，他发现事实并没有按照他想的那样发展，反而在他遇到困难时无人问津。

"原来我在他们心里就是一个打杂的，他们有事需要我帮忙时我都会积极去做，最后却落得这么个下场！现在我才知道，很多时候成熟人格更能带来非凡的效果。"小辉在喝酒的时候难免会抱怨几句。

后来，小辉改变了自己为人处世的观念。他依然还像以前那样积极帮助别人做事情，但和以前不一样的是，原来他处于社交中的被动地位，现在则明显地把握了主动权。小辉留心其他职工的一些需求，然后在适当的时候说出来或者表现出来。这样一来，虽然是同样的一件事，主动和被动却体现出不同的效果。比方说，同样是倒一杯水，以前是小辉去倒水的时候有人让他帮忙，他什么都不问，直接倒一杯水；现在他的做法明显不一样，小辉在接水之前会问问周边的人是否需要接水，如果需要，是要咖啡还是果汁。如此这般，小辉将主动权握在自己手里，更能突出自己的热情和社交的积极性。再比如，之前公司的一个朋友比较忙，想让小辉帮忙做材料，小辉不情愿地接了，最后也勉勉强强地做了，不好不坏，但朋友看在眼里，后来就很少找他帮忙了。后来，小辉学会不抱怨，并且在时间充裕的情况下欣然接受，既然接受，就尽力做好。久而久之，员工对小辉有了信任，领导也知道了他的勤劳能干。同样是做一件事，却有不同的结果，就是因为态度不一样，最后所展现的结果也不一样。对我们个人而言，同样也会有不一样的结局。

对于朋友小辉的升职，我一点都不意外，而且我相信他还会继续升职加薪，因为他掌握了成熟的社交观念，成熟人格的社交观念会让他事半功倍。

后来一起吃饭，小辉熟练的社交经验让我钦佩。他说，其实我们的社交就差一点，那就是观察并改进自己的社交经验。很多时候不是我们没有社交经验，也不是没有好的社交经验，只是缺少一点社交的主动。因为主动能够显露出我们的真诚，很多时候就是这种主动给我们带来了很多便利和意想不到的结果。

我们每个人都在进行社交，不仅在公司里，家庭、学校、公共场合等都在和别人进行社交。不成熟的社交总是处于被动地位，明明付出了很多，却还是得不到别人的肯定。成熟人格的社交会牢牢把握住主动权，不管是求人帮忙还是被要求帮忙，他都知道如何做能够更好地取悦别人，如何做能够让社交更加顺利地进行下去。

很多人虽然已经成年，但是在为人处世上却不见得成人了，这也是为什么有些人会被说成"他看起来像个孩子一样"。在与别人相处的过程中，一定要尽可能理性一些，要多进行自我反思，反思自己在与人交往的过程中有没有什么值得改进的地方。或许有些人会认为社交是否成熟无所谓，不值得引起我们的注意。但是，因为没有成熟人格的社交观念而丢掉工作、错过升职、失去朋友的人有多少！一些看似和我们的生活没有关系的细节，往往在很多时候决定了我们的成败。有科学研究表明，正常人的大脑智商以及能力相差无几，很多时候我们的差别就在于我们的一些社交观念，所以，培养成熟人格的社交观念势在必行。

社交圈并非越大越好

一位大学同学和我讲了一个有关他室友的故事。

方岩是一名大一新生，在进大学之前，他常听表哥表姐说："在大学生活中要多认识一些人，扩大自己的社交圈，以后求人办事也容易得多。"方岩将这些话牢记于心，于是，还没有开学的时候，他就在各个新生群里聊天，以刷存在感。

开学后不久，方岩开始参加学生会竞选，一来能够证明自己的实力，二来能够锻炼自己，三来能够认识更多志同道合的人。后来，方岩就忙碌于学生会的各项工作之中。当室友午睡的时候，他跑去值班；当室友在宿舍打游戏的时候，他结束一个排练去参加另一个排练。方岩虽然忙碌，但也确实认识了很多人。

"你也认识××啊?"很多时候有人这样惊讶地问方岩时,方岩都会一脸自豪:"对呀,我和他同在学生会。"全校各个专业都有自己认识的人,想打听谁只需要在手机上简单地问一下。因此,很多同学都会找他帮忙,方岩也觉得表哥表姐的话说得挺对的,社交圈越大,认识的人也就越多,有什么事也就越便利。

方岩几乎每天都奔波于各种社团组织中,要么在开会的路上,要么在值班的路上,要么在进行活动策划。有时候甚至因为开会或者部门聚餐,开始逃课或者逃讲座;有时候因为要和部门的人进行交流和交接,上课期间他也没有好好听讲,好几次都被老师直接点名。但是方岩不以为然,他认为只要现在多认识一些朋友,以后工作的时候就能有更多人帮忙,用他的话说就是"现在上的课都算什么呀"!

后来,方岩期末考试五门挂了三门,其余两门的成绩也非常差,方岩最后只能补考重修。由于成绩不好,很多组织没有继续留他,他所谓的社交圈也因为没有工作的联系而慢慢变得疏远。虽然方岩很想让社交圈还像以前那样,但是很多所谓的"朋友"最终也只是成为手机通讯录的一个名字而已,找不到理由联系,找不到借口见面,就连请吃饭也变得格外陌生和不自在。

方岩是典型的认为宽广的社交圈能够解决很多问题的人,以至于他每天都致力于社交圈的维护。虽然不能否认大的社交圈认识人多,但是这种"大"的社交圈必须是"有用"的社交圈,如此才能解决我们的问题。也就是说,这个"大"的社交圈必须是以能够真正为我们所用为前提的社交圈,而不是一些泡沫社交圈。方岩的大社交圈就是泡沫社交圈,他们因为某些工作有所交集,但是还没有达到那种能够彼此肝胆相照的地步。

另外,大的社交圈维护起来也需要花费很多的精力和时间,一个人的社交圈不在于"大",而应该在于"精"。不管你的社交圈有多大,如果社交圈里面的朋友不能在你最需要帮助的时候伸出援助之手,那么也是没用的;相反,如果你的社交圈不大,但是里面的朋友都愿意给予你帮助,这样的社交圈就是非常有价值的。

我们总是不小心陷入一种不正确的思维中:大的就是好的。于是拼命地将自己的社交圈扩大、扩大再扩大,恨不得想要拥有整个世界的社交圈。有一种理论称"我们与世界上任何一个人之间只需要通过六个人就能认识",这在某种程度上也告诉我们:我们没有必要不断地扩大自己的社交圈。人的精力有限,没必要追求一个大而无当的社交圈。

一个人要做的最重要的事应该是不断地提升自己的能力。俗话说"物以类聚,人以群分",当你的境界不一样了,你身边的人也就不一样了。你社交圈的朋友都是你能见到的,或许你会认为这些有能力的朋友可以帮你解决很多问题,但最重要的是,你自己也要有能力去帮助别人,如果你只是靠社交圈来解决困难,时间长了，恐怕就没有人愿意帮助你了。

方岩后来意识到自己的问题所在，于是痛定思痛，逐渐改变了自己刚开始的看法，不再拼命致力于扩大社交圈。相反，他建立了自己牢靠的"小"朋友圈，平日里和室友一起玩玩闹闹，空闲的时候就去图书馆或是自习室学习。第二年，他就拿了班级奖学金。陆续地，他参加了很多素质拓展活动，既锻炼了自己的能力，也学到了很多知识，最重要的是他也结识了很多朋友。他不再局限于社交圈的大小，只是坚持充实自我。

虽然方岩刚开始走了一段弯路，但他还是比较幸运的，因为他及时地找出了自己的不足并加以改正，不再只是沉迷于社交圈的扩大。而生活中很多人身处其间却不知，这就使得他们一方面沉迷于自己所谓的"大社交圈"中，另一方面又处于"孤立无援"的尴尬境地中。归根结底，就是因为他们拼命建立的大社交圈并没有带来实质性的效果。

"是什么样的人就接触什么样的人"，这句话是不假的。站在同一高度的人会彼此建立社交圈，如果你的高度不够，是很难融入进去的。与其花费时间考虑如何建立更大的社交圈，不如踏踏实实地充实自己，在充实自我的过程中，自然会遇到形形色色的朋友加入自己的社交圈。很多东西不是强求而来的，而是条件具备时自己到来的。

社会社交法则

在问到社交法则的时候,很多人都是简单地以为社交就是吃吃喝喝、真诚待人。其实这里面有很多学问,不然为什么有很多人在社会上不被认可、在职场中不受欢迎呢?好的社交就像一件华丽的衣服,能够给一个人加分;而如果一个人没有好的社交法则,则很难有所成就。

社交最简单的法则就是说话的艺术。自古以来,说话就是一门不可或缺的学问。古代有很多从政为官者就是因为不会说话而被贬职,甚至被杀头。虽然我们都觉得直谏之臣更有气节,但是换一种角度来看,进谏就是为了让上级听取我们的意见,如果上级没有采纳我们的建议,甚至还会因此置我们于死地,岂不是一件很不划算的事?有句古话叫做"留得青山在,不愁没柴烧",聪明的人不会直冲莽撞,在进行社交之前一定会三思而后行。

我们都知道《邹忌讽齐王纳谏》中的邹忌借自己的例子为齐王进谏的故事。邹忌利用委婉的方式,有效地避免了对话的尴尬,这是一种说话的幽默,也是一种说话的艺术。如果邹忌不借用这种方式,恐怕齐王不一定会认识到自己的错误,也不一定会勤政治国。相反，如果邹忌用直接的方式进行叙述，那么他的结局就很难说了。

说话是别人了解我们的直接方式，说得好能够体现出我们的涵养，说得不好只会让别人觉得我们很低俗。有一个成语叫"言多必失"，我们小时候只用了两年时间就学会了说话，却要花费余生的时间去学习如何说话，可见说话的作用有多大！很多时候成败就在一句话之间，如果对说话不加以重视，恐怕就会在这上面吃很多亏。因此，在社交的时候要注意说话的艺术，不该说的时候就不说，认真聆听反而能够体现出我们的成熟；该说的时候就大大方方地说，考虑听者的感受，该委婉的时候就委婉，该运用修辞的时候就运用修辞。

不要在背后说别人的不好。古话说"静坐常思己过，闲谈莫论人非"，世界上没有不透风的墙，我们也要为自己说过的每一句话负责，不要以为别人不知道就没事。很多事情不是当时就能看到发展的趋势的，说话也是一样，有时候后果会很久之后才能显现。随意评论别人的不是，只会证明我们的品格有问题，也会影响别人对我们的印象，在社交上也必然会吃亏。想想如果因为说错了话就要承受这么重的后果，是不是真的有些不划算呢？很多时候社交就是一句话、一件事，只要你说得好、做得好，让别人听在耳朵里、看在眼里感觉到舒心，你的社交就成功了。

只是懂得如何交谈还远远不够，如果想要在社交上有更多的成就，就必须要做到每一件事都"三思而后行"，不能因为鲁莽和冲动酿成大错，造成不可挽回的损失。人们常说的"高情商"就具备这一特征，遇事冷静不慌张，善于权衡利弊，懂得换位思考。虽然这看起来并不是难事，但实施起来并不一定顺利，这也就需要有意识地锻炼自己了。

阿晓是一个新进职场不久的人员，一开始很多同事并不看好她，但是阿晓凭借自己的能力快速得到了同事们的认可。原来，阿晓在做每一件事之前都会好好思考不同处理方案的利弊得失，在遇到问题的时候并不急着解决，而是先思考如何解决。在领导下放任务的时候，别的同事都是想着如何尽快处理完任务，仿佛处理完任务就没事了。但阿晓不一样，她想的是如何更好地解决问题。同样，在和同事、朋友交往的过程中，她也是以这种思维方式进行思考的。不管人前人后，阿晓都不会说任何同事的不好。如果她真的对某些人的做法有意见，也不会直接讲出来，而是采取比较委婉的方式进行劝说和讲解。如此看来，阿晓能够这么快得到同事、领导的认可也就不足为奇了。

社交讲究的是如何与别人和睦相处，如何能够在相处中互利共生，这不是功利，而是人生正常的交往。我们每个人都会和别人有往来，共同合作才能更好地生存。就像在原始社会，男人与女人要相互合作才能实现打猎、看家，共同存在；男人与男人之间需要形成共识，才能一起捕猎。当今社会也是如此，我们每个人的精力都是有限的，如果我们不能和别人有好的社交关系，那么我们一定会步履维艰、寸步难行。因此，好的社交法则能够帮助我们更好地与别人合作，也能帮助我们更快地实现自我的价值。

"择友"是一门交际艺术

"朋友一生一起走，那些日子不再有"，周华健的这首《朋友》可以说是唱出了很多人的心声。当问到一个人有多少朋友的时候，他可能会说有数不清的朋友；但是再问"如果现在向朋友借2千块钱，有多少人会借给你"，不知道大家会如何作答。如果是2万呢，20万呢？

朋友，是在我们遇到困难时能够义无反顾地帮助我们，并且值得我们信任的人。同样的道理，在朋友有求于我们的时候，我们是否也能够做到及时地、义无反顾地提供帮助呢？我们都想交到好的朋友，那么我们又是否符合别人的择友要求呢？

一个好的朋友在我们的人生道路上能够帮助我们不少，那么如何选择一个好的朋友呢？

1. 什么样的人有什么样的社交圈

"打铁还需自身硬",如果我们自身没有一定的才能,就想结识许多有益的朋友,那么就有点攀高枝的嫌疑了。一般来说,我们所能接触到的都是和我们同一层次的朋友,比如你的同学、你的同事,如果你想结识更高层次的朋友,那就必须要考虑提升自己的能力了。如果只是一味地想靠关系来认识那些有层次的朋友,是很难做到的。

2. 看一个人如何做人

看人,应该先看他是不是能够真正做一个人。一个人如果连做一个人都做不好,那又怎么能帮助别人呢?孔子曾说过:"弟子,入则孝,出则弟,谨而信,泛爱众,而亲仁,行有余力,则以学文。"试想,一个人如果连自己的父母、兄弟姐妹都不爱,那你还奢求让他爱你吗?这样的人能够深交吗?很显然是不可以的。一个人的精力是有限的,如果他身边亲近的人都不喜欢他,那你和他交往就需要谨慎一些了。因此看一个人,首先看他对他身边的人怎么样,以及他身边的人对他的评价。

3. 看一个人身边的朋友

除此之外,看这个人身边有着一群什么样的人,也不失为一个好办法,俗话说"近朱者赤,近墨者黑",还是有一定道理的。虽然不排除有个别特殊情况,但是从整体来说,依旧是什么样的人吸引什么样的朋友。因此,要了解一个人,可以观察一下他身边的人，借此能够反映出一个人的某些品行。

4. 看一个人的才能和社交圈

有这么一句话，"朋友的朋友，也是朋友"。因此，结交一个社交圈强大的人，无形之中也是在为自己扩大朋友圈。自己有强大社交圈的人，也证明着自己的能力。另一方面，应该看一个人有什么样的才能，是有好的口才，还是有好的决策能力，或是有什么其他能力。要知道，一个人的才能决定一个人的价值，而不是由外在的金钱来决定。有才能的人终究能够找到属于自己的地方，如果择友只是看外在的票子、房子、车子，那恐怕就只能是酒肉朋友了，最多也就是有福同享，而不能有难同当。

郑丽和黄悦是大学室友，大二那年，两个人几乎同时找到了男朋友。两个姑娘是院系里出了名地漂亮，但是两个人的男朋友却有着明显的区别。

郑丽找了一个帅气的富二代，也就是家里比较有钱的那种，两个人每天都卿卿我我，出去吃这个、玩那个，在外人看来，两个人过得实在潇洒。因为男朋友比较有钱，所以郑丽开始慢慢买更多的漂亮衣服、名牌化妆品和包包，整个人看起来都变得更加迷人了。而黄悦则找了一个没那么有钱，却踏实努力的男朋友，两个人只是偶尔出去庆祝一下，也没有过多地吃喝玩乐。相反，两个人经常一起去图书馆、自习室看书学习。

在郑丽眼中，黄悦真是不懂得享受人生，简直就是在找罪受。

很多时候郑丽都说黄悦"自身条件这么好，为什么不找一个帅气有钱的"，黄悦只是笑笑，什么都没说。

10年后，再聚会的时候，郑丽和黄悦两个人又形成了明显地对比：郑丽脸上多了许多色斑和皱纹，而黄悦还是显得那么年轻。原来，毕业后郑丽和男朋友分手了，又因为没有什么特别突出的能力，只能做一些没有过多技术含量的工作，生活瞬间变得不如大学时候。但是她不愿意将就结婚，以至于成为大龄剩女，还是在亲戚的介绍下，找了个普通的对象成了家。而黄悦则一直和男朋友相濡以沫，两个人一起努力，共同进步。毕业后，虽然刚开始艰苦了一些时日，但是好在几年后很多东西发生了转变，现如今，两人已经过上了衣食无忧的生活，并且很恩爱。

其实找朋友，有时候就像找对象，你自己要有一些标准，也要为这些标准刻意地去努力。不能随便交朋友，要交朋友就一定要交能共同发展的朋友，不能因为某些眼前的利益就屈服于不应该选择的朋友。不管是出于感情的需要，还是经济的需要，都要有长远利益的考虑和打算。

社交，不等于吃喝文化

一提到社交，很多人都存有一定的偏见。比如，认为社交就是那些玩心机的人的需要，又或者觉得社交就是吃喝文化，真诚的人是不需要社交的，等等。这就是为什么很多人忽视社交的重要原因，同样也是很多人为什么长时间努力工作，事业却进展缓慢的原因。实际上，社交是每一个人都无法避免的，只要你和别人交往，就避免不了社交。社交不仅仅是吃喝文化，更多的是说话的艺术、行为的艺术。

作为中国人，自古以来吃喝就是社交活动的主要内容之一，不管是什么场合，总是避免不了吃喝。吃喝文化在中国传统文化中也占有很重要的地位，不然也不会有当今的各种菜系。不管是什么样的事，娶妻生子、乔迁新居、求人办事、接风洗尘，甚至打牌赢钱、中奖了都要请人吃饭，这也就是为什么我们一说起社交，很多人就会想到吃喝文化。这种心理是可以理解的，毕竟这和我国根深蒂固的吃喝文化有关。其实这是一个很大的误区，虽然吃喝文化在社交中是不能避免的，但是并不意味着与任何人社交都是吃喝文化。

大学同学孟波毕业后进入外企工作，有一次因为一些事情有求于同事约翰，就想请约翰吃饭。约翰因为不知道孟波为什么请他吃饭，先是不断拒绝，在孟波再三强调只是因为最近新交了朋友后，他才答应。在饭局上，孟波准备无意地提出想要请求约翰帮忙的事，但还没有开口就被约翰回绝了："这是在吃饭，与工作有关的事情，我们暂时不要讨论。"最后的结局就是这顿饭并没有达到孟波的预期效果，想要请约翰帮忙的事情，最后还是在办公室谈的。

就孟波来说，很显然把吃喝文化想得作用太大了，以为吃喝能够解决所有问题。虽然有句话说"很多问题都能在饭局上解决"，但那只是泛泛之谈罢了。如果我们要避免这种意外，就必须要知道对方的胃口，如此才能找到符合对方的社交方式。如果不加以考虑，总是自我判定地选择吃喝文化，恐怕就会出现问题。

在遇到不懂吃喝文化的人时，很显然吃喝文化就不能算得上社交了。甚至有时候吃喝文化不但不能帮助我们解决问题，还会给我们带来新问题。毕竟吃喝文化只能算社交的一个重要组成部分，而不是全部。如果想通过社交结识更多的好友，就一定要意识到社交的方式是多种多样的。比如，一个会议也可以算社交，而吃喝文化只是其中的辅助环节罢了。

那么，什么才算是真正的社交呢？这时候，我们需要先了解什么是社交。社交是指社会上人与人之间的交往，是人们运用一定的方式或者工具传递信息、交流思想，以达到某种目的的社会活动。社交的重要性不言而喻，每个人也都很想提高自己的社交能力，然而并不是所有人都能做得恰到好处。下面就是我们提高社交能力所要做到的最基础的几点：

礼仪

只要和别人进行社交，就需要学会一定的礼仪。礼仪能够体现出我们的礼貌和真诚，也能体现我们的素养，没有谁愿意和不懂礼貌的人进行交往，也没有谁愿意和鲁莽冲动的人进行交流。保持沉稳庄重，不仅能够得到别人的尊重，同样也能让别人觉得我们值得进一步交往。

一定的礼仪会为我们的社交加分，不管是在工作场合，还是在饭局上。只是不同的地方要求我们要有不同的礼仪，在不同的地域，也要入乡随俗，尊重当地的文化礼仪。孟波之所以没有通过吃喝解决问题，就是因为他没有了解约翰的礼仪。

真诚

社交不是尔虞我诈的欺骗，更多时候是相互的真诚。只有真诚的社交，才能更加长久且永恒。虽说社交要带有目的性，但这也是相对而言的，如果只是盯在目的性上，恐怕是不可能有正常的社交的。

同样，除了在吃喝文化上能够体现我们的真诚外，在交谈中、赠送礼物中，或者一起出去游玩参观的时候，只要是在和别人交往，就无时无刻不在展现着我们的真诚。千万不要以为只要在吃喝上下足功夫就够了，社交的范围远远比我们想的大，而我们要做的也远远比我们想象的要多。

平等宽容原则

学会平等对待每一个人，相信不管在任何场合，都会给你的社交加分。不管是吃喝场合，还是平日里与同事、同学的相处，平等地对待每一个人，都会给我们带来不曾意料到的效益。不要觉得自己地位低下，也不要觉得自己地位有什么特殊，只要我们不卑不亢，那么许多事都能更好地解决。

除此之外，在社交中还要注意保持互利合作、宽容的原则。

适当拒绝他人的邀请

我们总是打着与别人多交往、多认识朋友的旗帜，给自己一个参加应酬的借口；又或者告诉自己要维持更长久的关系，就得多和别人一起吃饭聚会或是出去游玩，只有这样才能促进感情的交流。殊不知，生活中将近60%来自他人的邀请对我们并没有什么用途。

小何已经参加工作三个月，一周七天将近四天都有活动，要么是初中同学的小聚，要么是高中同学的小聚，再不然就是公司或者大学同学的小聚，每次都是吃饭、喝酒、唱歌。因为应酬的问题，小何还和自己的女朋友闹出了不愉快。

"你有那个时间不能好好陪我吗？"小何的女朋友有时候实在伤心，于是就甩给小何这么一句话。而小何却回应说："我那是应酬，你懂什么！你见哪一个有能力的人没有应酬，我是在为未来的人脉做铺垫。再说了，别人邀请我，我不能不去吧，不然别人会说我不给面子的。"

每天小何都觉得生活无比忙碌，自以为"充实"。但是当躺在床上的时候，回忆起这一天的生活，他并没有什么收获，看起来每天应酬、和朋友欢声笑语，可是细细想来却没有什么成就。

几个月后，小何的业绩险些没有通过实习期，女朋友也和他分手了，这让小何心头瞬间震惊：我经常参加各种应酬，对别人的邀请也不加推辞，按道理来说大家应该都对我满意才是呀！为什么我辛苦工作，努力养家糊口，提高生活水平，女朋友还要和我分手？我不比别人空闲，也不比别人少努力，为什么还会出现这个问题？

我问他："你觉得别人邀请你的目的是什么？"小何和我说："那还不是因为别人看得起我，信得过我！再说了，一些同学聚会或是公司聚会如果不去，会被说成高冷不合群的，这对以后的工作交流、感情交流多有影响啊！""那你的工作得到这些朋友的帮助了吗？"当我问小何这个问题的时候，他缄默了，许久都没有回答我，最后告诉我"好像并没有什么帮助"。

小何是典型的不善于拒绝别人邀请的例子。生活中，我们会收到各个方面的邀请，请我们吃饭也好，出去玩也好。作为正常人，我们的确不应该拒绝其中的某些邀请，但是要知道，我们也需要打理自己的生活，也有自己的事情要做，但是如果连自己的事情都没有处理好，一味地参与社交，就是舍本逐末了。

这也是为什么小何不仅工作没做好，甚至女朋友也离他而去的原因。他没有看到自己时间、精力的重要性，只一味地觉得"建立人脉"就一定能够解决所有问题。是的，有时候，人脉确实可以帮助我们解决某些问题，但是陪家人、完成工作任务这些事恐怕是没有人能够帮忙的，不要因为迎合别人而耽误自己更重要的事。

拒绝不代表我们不懂事，相反，适当的拒绝更能代表我们的成熟。不要因为自己的面子而接受所有人的邀请，最后以至于没有时间做自己的事，实在得不偿失。善于拒绝，是对别人负责，也是对自己负责，这是一门艺术，一门交往的能力，不要觉得拒绝就不利于自己。适当的拒绝，会让别人觉得我们是有原则的人。

是啊，每个人都在忙碌着自己的事，或许是因为无聊，所以才邀请你，他们出去聚会，可能只是缺少一个玩伴；他们出去喝酒，可能只是缺少一些气氛；他们出去购物，可能只是缺少一个提包的；他们出去吃饭，可能只是缺少一个说话的。真正努力的人，不会在应酬上花费太多时间和精力，因为一个人的精力和时间是有限的，一旦在某处花费太多，势必会在其他地方花费得要少。与其接受那些没用的邀请，不如认真思考自己到底需要什么。

学会拒绝，是一门艺术，它不仅需要一种精湛的说话技术，还需要一种勇气。拒绝不代表我们不想接受他们的邀请，也不代表我们的高冷不合群。

后来，小何还是会收到很多人的邀请，仍然是吃饭逛街、旅游购物。但是小何不再像以前那样全盘答应，相反，他学会选择重要的、喜欢的邀请，也学会向别人发出邀请。在公司，也没有谁因为小何的拒绝而觉得他不合群。小何在工作上下的功夫也被领导看在眼里，夸他更加认真。慢慢地，他顺利通过了实习期，也慢慢升了职、加了工资，最终也和女友重归于好，两个人比以前更加甜蜜。

你离成功可能只差一步拒绝，拒绝别人的邀请不代表你没有人脉。要知道，提升了自己的能力，人脉自然会到来。一味地以为别人的邀请就是人脉的人，终究会迷失在灯红酒绿的喧闹时光中。有时候我们不是缺乏一种前进的激情，也不是缺乏一种坚持的恒心，而很可能是因为我们害怕拒绝、不好意思拒绝别人而导致荒芜浪费。

CHAPTER 2

第二章

社交是门技术活

谨记"交浅不言深"

说话是一门艺术，会说话的人总是能够引起别人的欢喜，而不会说话的人，则让别人厌恶。中国有句俗话叫"见人说人话，见鬼说鬼话"，很多时候这种行为会被人诟病成不真诚的表现，但是细想一下，这句俗语还是非常有道理的。首先，我们在与别人进行交谈的时候要保证真诚，这是最起码的要求；其次，针对不同人群，我们需要根据对方的不同性格，或者不同的要求和目的组织不同的语言。比如，见到领导和同事，我们说话的态度和方式肯定不能相同，见到家人和朋友，肯定又有所不同。

说话是一门要注意的艺术，"病从口入，祸从口出""饭可以乱吃，话不能乱说"都强调说话不当的严重后果。

如果一个人由于自己的疏忽或者不谨慎，随意地向别人说出很多隐私的事情，很容易引起别人的反感，也可能会让别人产生某些不正当的想法。

大学生赵静，大二的时候新交了一个朋友，两个人才认识第三天的时候，赵静便和这个朋友讲了自己室友王瑜的家庭情况。原来在王瑜很小的时候，父亲因为工地出现突发状况，落下残疾，母亲因为嫌弃父亲而选择离开。这是赵静从辅导员那里得知的，因为赵静是班委，经常帮忙辅导员做学生工作。

赵静本来想着只是和这个朋友闲聊，但是说者无意，听者有心，后来某天，王瑜从别人口中听到议论自己的言语，回到宿舍便询问赵静。再后来，辅导员也知道了这件事，然后撤销了赵静的班委职务，并且口头批评了她一顿。

原来，赵静的朋友当时听赵静说后，也在宿舍聊天中提到了，最后造成这样的情况。后来，赵静和这个朋友自然也没有成为真正的好朋友。很久以后，赵静再提及这件事的时候依旧后悔不已，她并没有想伤害王瑜，但是现实中，这对王瑜造成的伤害是无法挽回的。

很多时候，我们总是不经意地说了不该说的话，而更要命的是，有时候我们对那些不是特别熟悉的人却给予了过分的信任，以至于很容易就出现这种难以挽回的事情。

朋友和我说过这样一个故事：

刘浩是某公司总经理的秘书，最近经理在谈一个项目，同时另外一个公司也在竞争这个项目，而刘浩的公司掌握着某项机密技术，因此总经理还是有很大把握拿到这个项目的。这个项目很重要，至少可以提高公司营业额的三个百分点，而且拿到这个项目对公司的名誉也会有一个很大的提升作用。掌握这个机密技术的人并不多，由于刘浩经常跟着经理，所以他也算一个。

某天，刘浩高中同学找到他，说很久没见了要一起吃个饭。刘浩也没有太在意，就答应了。吃饭的时候，刘浩发现高中同学又带了一个人，同学说这是他最好的朋友叫谭伟。刘浩最近心情不错，也就很开心地结识了这个新朋友。

后来，谭伟总是找各种借口请刘浩吃饭。突然有一天，谭伟趁着两个人都喝醉了，就询问刘浩有关工作的事情。刘浩正在醉的势头上，再加上引以为傲的身份，也就开始侃侃而谈。刚开始，刘浩还心存顾虑，只是谈到自己平日里工作的情况，慢慢地就放松了警惕，和谭伟谈到了有关合同的事情，这正好中了谭伟的圈套。但是刘浩一直没有放在心上，就连吃完饭还一直喊着"兄弟，以后有需要我的地方说话，我在公司给你谋职位"。

直到经理找到刘浩的时候，他才意识到自己的严重错误，但是，这个项目已经被竞争对手拿到了。原来谭伟是竞争对手公司的一个秘书，通过刘浩同学结识他就是因为已经得知刘浩有其中的机密技术。刘浩如此马虎，和交情不深的朋友的交谈给公司带来了不可估量的损失，所以他也必须要为自己的行为承担相应的责任。这时候，刘浩真是后悔不已，明明对谭伟并不是多么了解，却还是不慎和谭伟说出了许多很有深度的内容。然而，一切都已经不可挽回，这在刘浩的生命中也将是永远消逝不去的遗憾。

很多时候我们就败在自己的多话之中。事实上，我们需要严格地要求自己，对交情不深的人不能随意说话，一方面会让别人觉得我们很不成熟，另一方面也很可能会像刘浩那样出现自己都难以预料的严重后果。作为成年人，每个人都要为自己的所作所为负责，这是社交所要注意的，也是在与别人交谈中需要注意的。

"千里之堤，毁于蚁穴"，千万不要以为说话是一件小事。纵观古今，有多少人因为说话不慎导致家破人亡？又有多少人因为说话不慎导致前途丧失？同样，又有多少人因为会说话而青云直上？在强调真诚做人的前提下，说话一定要保持警惕，否则稍不留意就会出现问题。

正视群发拜年短信

还记得某年春晚的一句歌词"群发的我不回"，这一句歌词道出了很多人的心声。于是便出现了另一种情况：既然群发的你不回，那我就每一个人私人订制，虽然比较浪费时间，但是却能够体现出自己的诚恳和真挚。这样固然是好的，但是一旦这样操作了，那么多人的信息，如果我们都"私人订制"，一个一个地去编辑信息再进行发送，就会发现自己的精力和时间以及个人才思都很难应对。于是，有的朋友会说"那我干脆不发了"，这又大错特错了!

　　有这样一句话：你发不发是一回事，别人愿不愿意看又是一回事。这里面便涉及一件事，那就是你的态度问题。很多时候，有些人会说："我群发的信息表现不出诚意，还会遭到别人的嫌弃，那我不如不发了。"那么问题就来了，你不发就能表现诚意吗？

　　给老板、上司、朋友发拜年短信，首先代表着你考虑到了人家。千万不要因为内容而影响了自己群发的初衷，毕竟，你的群发短信是为了表现自己的真诚以及对对方的祝福。虽然别人可能会收到很多短信，但是一定会对给他发信息的人有印象。不要小看这些细节，很多时候好的印象就是由这么小的细节堆积而成的。

　　成哥是我高中的一个学长，如今已经是某公司的大老板。有一次年前在一起吃饭，成哥的手机不断地发出振动和响声，在座的朋友开玩笑说："是不是哪个小情人想你了，催着要见你啊？"成哥抿了一口酒，有些不好意思地说："哪有什么情人啊，都是公司员工给我发的祝福短信。这不是过年了嘛，等会吃了饭我再给他们回复。而且我还准备给那些没见面的亲朋好友发个信息，传达一下个人的祝福呢。"成哥的这一席话说得这么正式，在座的很多人略感惊讶。

　　成哥便说起自己的故事。原来刚开始工作的时候，成哥也是给别人打工，那时候他的上司告诉他："别小看群发信息，很多时候这些不经意的小细节可以表现一个人的内心感情。你心里有没有想起一个人，通过一则短信就能看到。且不说短信内容是否群发，只要是真挚诚恳的短信，哪一个看着心里不舒服？"

这一席话触碰了成哥的内心，他本就是一个偏敏感的人，对很多人情世故观察得都比较仔细。但是在上司说这一席话之前，成哥是没有那么重视这件事的。他的上司说，他当时就是因为逢年过节给老板发短信祝福，才成功竞争过了另一个对手，成为那一年仅有的一个升职人员。很多时候，很多人在工作上都是有着差不多的业绩，但是在生活中的许多小细节却能透露出一个人的自我修养。

而后，成哥会在过年的时候给别人发短信祝福，不仅仅有上司，也有亲朋好友，还有多年未见的同学、老师。成哥说，别小看这些群发的短信，尤其是那些不经常见面的人，一则拜年短信能够充分表达出你的心中没有遗忘他们，相反给他们留下了一定的位置。如果今年你们不联系，明年依旧不联系，很容易就将感情冲淡，但是一则拜年短信就能解决一切问题。趁着喜庆，很多人会忘记过去与别人的恩怨和不愉快的事，同时，还能够加深印象。如果能够做到每一年都发拜年短信，那别人更会记得你。就算很多年没有见面，一则短信也能够拉近两个人之间的距离，仿佛才见过不久。这样在以后用得到对方的时候，也不至于过分尴尬。一则短信的力量，远远大于你的想象。

后来成哥开始自己创业,也是因为过年时给某些亲朋好友发了拜年短信,得到了很多人的支持,加之对客户的尊敬,生意越来越好。鉴于个人经验,成哥要求公司的人在过年过节的时候给别人发短信以表示个人的祝福。而他们的那些客户,也会收到署名为成哥的拜年短信。

这也就是为什么成哥在吃饭的时候会收到这么多信息的原因。虽然成哥并没有要求他们发给自己,但是那些员工还是选择发送给他,由此也能见到成哥在公司中的受欢迎程度。成哥说,别小看一则短信,有时候也许就是救命稻草。你的朋友在你需要帮助的时候,想到你的祝福短信,会觉得你把他们当朋友,心里有他们,自然就愿意帮助你。不管是大事还是小事,千万别等到到时候了才想到某些朋友,一定要有"未雨绸缪"的计划,唯有如此才能在出现困难时,得到更多人的救援。

吃饭结束后,看到成哥开始回复别人的祝福短信,并顺带送上自己的祝福,同时也给那些不常见面的朋友送去祝福。我突然想到去年的时候,我也收到了成哥的信息,那时候正值过年,窗外烟花灿烂,成哥的短信敲开了喜悦的大门。那时候,我和成哥已经很久没有联系了,突然看到他的短信,我很惊讶,也很开心。在那一瞬间,我觉得成哥有任何困难,我都愿意帮助,因为他还记着我,这就很够朋友。

虽然一则小小的短信发起来并不费事,可是就是有很多人看不上这么一则短信，不愿意花费一点时间把祝福送给别人，也不愿意给别人拜年，都觉得是无所谓的事。然而，有时候，正是一条哪怕群发的短信，传递了"我心里有你"的信息，维系住了山高水长的情谊。

别让"改天请你吃饭"成为虚妄

相信很多人都听过这么一句话"改天我请你吃饭"，可能自己也对别人说过。很多时候这句话都是说说而已，不管是别人还是自己可能都不会履行这句"诺言"。一句承诺成了客套话，最可悲的是你还坚信不疑，一直等了很久，见对方依旧没有任何反应，才明白原来一切都只是说说。这句话常见于一方请另一方吃完饭后，另一方出于礼貌上的回答。实际上，这句话未必是虚情假义，但是在很多情况下，并没有多少人认真履行，一方面可能因为自己或者别人确实很忙，另一方面就是因为真的忘了。但是不管是哪一种情况，都不能否认，很多时候"请你吃饭"这个承诺都成了泡沫。

记得我刚入职的时候，公司有一个秘书因为一些事经常找我帮忙。因为当时我是新来的，加上时间比较多，也就没怎么推辞。第一次应该是帮助经理写一个演讲稿的时候，这个秘书因为要回家接女儿放学，就临时把任务交给了我，走的时候还说改天请我吃饭。当时我还以为秘书真的会请我吃饭，当然，我并不是看重这顿饭，更多的是看重这顿饭背后的情谊，毕竟这让我能够感受到她是真的感谢我。于是那一段时间一直在等着"改天请你吃饭"，但是慢慢地发现秘书并没有想请我吃饭的意思。后来听其他同事说，秘书经常以"改天请你吃饭"为别人帮她忙的酬劳，但是到底几个人被她请过吃饭也不得而知。渐渐地，我也就习惯了她在请求别人帮忙的时候说"改天请你吃饭"，也对这句话视而不见了。

我们从来不缺少说话的机会，说一句承诺也很容易，但是真正地实施就没有那么容易了。有时候，我们可能是真的因为没有时间而导致最终没有请别人吃饭。但是不管是什么情况，我们都得表现出自己的诚意，就算不能按照约定请别人吃饭，也应该尽可能下一次补回来，因为这不仅仅只是一顿饭的问题。一些小事都能表现出我们的性格特点，千万不要觉得这些都是细节而不需要注意，事实上，这些事情并不小，它决定了我们在别人眼中的形象。

老家的三哥待人最为豪爽，在请人吃饭上，可以说是给我上了生动的一课。在老家，许多事别人都会帮些忙，比如在盖房子的时候帮忙或者买卖东西的时候帮忙。三哥最为豪爽，会在某个晚上将所有人叫在一起，在一个包厢，一群人围坐在一起吃饭。三哥说请别人吃饭，从来不会食言，就算临时有事也会及时告知其他人，并且在下一次补回来。和三哥打过交道的人都说三哥值得深交。三哥说："虽然我们是农村人，但是农村人也不差那一顿饭，说出来的就要做到，即使是一顿简单的饭。除去一顿饭之外，这更多地是诚信与否的表现。"正因为如此，在老家只要三哥请求别人帮忙，别人只要能帮的都不会推辞。

在大城市待久了以后，会发现很多时候一顿简单的饭都变得格外困难。久而久之，也就明白了，其实那些人并不是没有时间，只是对你不上心，不想和你一起吃饭罢了。所谓的改天请你吃饭，也不过是说出来的虚妄，维护一下表面的感情。就像此前公司的秘书，公司里越来越少的人会选择帮助她，因为大家对她所说的"改天请你吃饭"已经不抱有任何希望。别让"改天请你吃饭"成为虚妄，别让这些成为遥不可及的幻影。当然，对于别人说的"改天请你吃饭"有时候不能过于放在心上，不然反而会有所失望，毕竟这种情况也经常出现，最重要的是以平和的心态去面对。除此之外，更要对自己所说的"改天请你吃饭"放在心上。对别人的应允，不能过于看重，对自己的承诺则需要看重，不管在什么情况下，都应该做好自己该做的。

别让"改天请你吃饭"成为口头禅，否则只会让别人更加觉得我们没有真正把他们放在心上。一个现在做了部门主管的同学说:"很多人在邀请的时候,可能为了面子或是为了表示感谢,说'改天我请你吃饭',但是却没有了以后。直到很久以后,需要别人帮忙的时候,才想起这顿饭。"试想一下,这个时候请吃饭岂不是显得你太过于功利?没有谁喜欢那种只到有事的时候才请吃饭的人。"改天请你吃饭",别让这句话成为虚妄,用心开始行动,就是最近,定一个确切的日期,往往更能够让我们努力去完成这个承诺。

没有能力,人脉都是零

记得之前说过"什么样的人吸引什么样的朋友",换句话说也就是"物以类聚,人以群分"。虽然这句话似乎有些不好听,但是某种程度上是毋庸置疑的,比如农民和商人就不那么容易成为好朋友,但是农民和手工者就很容易成为朋友。有时候我们有不同的能力就相当于站在不同的圈子,有什么样的见识结交什么样的人,如果我们没有能力,就算有再多的人脉恐怕对我们也毫无益处可言。

不同的人在进行交往的过程中,是有相互利益的取舍的。如果一方只一味地依附另一方,那么这样的交往是不会长久的。一个人如果没有达到和别人做朋友的程度,那么就不能将人脉充分发挥;如果朋友之间没有往来互动,又或者只是单方面的有来无往,这样的人脉是不会长久的,只有对等的人之间,才能成为更长久的朋友。也就是说,如果自己没有一定的能力,再好的人脉也等于零。

记得老家有个亲戚的孩子叫李梦阳,李梦阳的父母一直在农村,但是李梦阳的父亲有个表哥秦寒在上海某大学做教授。当年秦寒凭借自己的能力考取了上海的大学,后来也是不断地努力学习,才有了今天的成就。李梦阳在十八九岁的时候,因为成绩不好,又不想待在家里,得知父亲的一个表哥在上海后,就请求父亲让秦寒介绍自己去上海。李梦阳的父亲以前对秦寒也比较厚道,所以秦寒得知后也就欣然同意给李梦阳在上海找工作。

刚开始李梦阳还是比较勤奋工作的,但是慢慢地,李梦阳发现工作实在是无聊,就壮胆经常请求秦寒叔叔在金钱上的帮助。刚开始,秦寒念在李梦阳是晚辈,加之自己手头也确实比较宽裕,就没有想太多。除此之外,秦寒还尽可能地给李梦阳介绍自己的朋友,李梦阳还算是一个比较会打交道的人,和这些叔叔或者哥哥姐姐混得还是比较好的。

李梦阳有些不学无术,经常找这些认识的叔叔或者哥哥姐姐帮忙。久而久之,这些人也就慢慢疏远了他,看到他寻求帮助也都当做什么都没有看到。倒是李梦阳交了一些不三不四的朋友，经常在一起，看起来建设起了繁华大楼似的友谊。这样过了一段时间，秦寒叔叔觉察到李梦阳的不对劲，就和李梦阳谈了一次。

后来，李梦阳告诉我，那一段时间秦寒叔叔对他管教很严，经常告诉他一些有关交往的知识，让他好好学习，不仅仅是书本上的知识，更多的是一些能力。终于在一个多月的沉思静想后，李梦阳认识到自己的很多缺点，反思了很多人不喜欢自己的原因。

于是，李梦阳开始努力学习，并且认真工作。慢慢地，他在工作上开始得到了肯定。有一次，公司一个项目要找某中介公司，在简单打听之后，李梦阳发现该中介公司恰好有一个自己当年认识的大学生哥哥。当找到这个哥哥的时候，他第一反应是愣愣的，他没有想到李梦阳能有今天的成就，在他心中以前的那个李梦阳不学无术、好吃懒做，而现在的李梦阳却无比精明能干。

那个哥哥给予了李梦阳很大的帮助。李梦阳告诉我，那个哥哥说如果李梦阳还是像以前那样，他是绝对不会帮忙的。就算他认识中介公司的老板，恐怕也不见得会得到帮助。如果没有后来的奋发图强，恐怕李梦阳还是一个不学无术的人，至今也会一事无成。秦寒叔叔给他介绍的那些人脉，对他来说也只是知道而已，终究是不能利用上的，那这样的人脉又有什么价值可言呢？

李梦阳说他很感谢那些人脉资源给自己的机会，如果那时候没有好好抓住这些机会，很多东西都不会像现在这样，至少他不会在上海立足，可能依旧只是一个小混混一样的人物。

有时候你的能力决定你的资源，有时候你的资源能够帮助你提升能力，但是不管哪一种情况，如果你没有能力，再好的人脉资源对你来说也和没有一样。

很多时候，如果我们没有足够的能力，那些比我们优秀的人也可能不屑与我们为伍；再或者，如果我们没有把握好人脉资源给我们的优势的能力，那我们依旧也和没有资源一样。人脉是可以给我们提供一定的契机，但是如果我们没能力把握好这些机会，又不能提升自己的能力，那些人脉资源对我们来说都将是空的。

很多时候，不怪我们没有人脉，也不怪我们不认识某些厉害的人。关键是自己是否有能力，是否对得起这些资源，是否用得起这些资源？能否得到这些优秀之人的信任？

没有永远的敌人

"没有永远的朋友，也没有永远的敌人，只有永远的利益。"第一次听到这句话是历史老师说的，当时是拿世界各国之间的利益交易做例证，比如日本曾和美国都属于"八国联军"中的国家,一起侵略软弱无能的晚清,那个时候日本和美国俨然是"好朋友";但在二战期间,日本偷袭美国珍珠港,严重侵犯了美国的利益,于是美国对日宣战,在日本投掷原子弹;二战以后,因为利益关系,美国对日本战争索赔减去很多,尤其是近些年日本和美国的关系也比较亲密,日本算是跟着美国"混",两个国家不再是二战时候的敌对关系。这里面就掺杂了很多利弊得失。

再比如,唐代的时候中国无比强大,日本便派遣唐使来大唐学习;而等到明末的时候,却开始出现倭寇现象;到了近代,日本不断地侵略晚清和旧中国,甲午中日战争、日本参与的八国联军侵华战争、日军侵华战争都是利益驱动的结果;而如今,中日两国又成了贸易合作伙伴。

"没有永远的敌人"这句话同样适用于人与人、公司与公司之间。

学校门口开了一家拉面馆,专门为学生做拉面,价格不高,分量又足,因此生意很好。后来旁边开了一家板面馆,很明显在抢拉面馆的生意。渐渐地,拉面馆的生意没有之前好了。因为旁边的板面馆也是低价格、多分量,加上很多学生吃拉面也吃腻了,所以板面馆生意很红火。这可让拉面馆的老板着急干瞪眼,每天都想着用新办法来吸引学生吃拉面,而旁边的板面馆更是如此。两家面馆都在想办法降低自己的成本、降低售卖价格、提高分量和提升面的味道,以让更多客源选择自己。

就在不久之后，学校附近又开了一家米线店，同样，也吸引了很大一批客源。拉面馆老板本来就担心旁边的板面馆，现在又多了一家米线馆，更是忧心不已。店里的客源少了，营业额便有了明显下滑，就在老板准备关门整修的时候，旁边板面馆的老板找上门来。

板面馆老板对拉面馆老板说："我们之前互相竞争，是想让更多学生来吃自家的面，但是在米线店开业后，你我都能感觉到客源被米线店吸走了很多。据最近的消息，学校附近还会陆续出现新的店面，这对我们每一家都不利，我们只有合作才能有更长远的生存空间。"拉面馆老板询问怎样合作，板面馆老板说："我们两家店面紧挨着，这对我们来说是很大的优势。我想我们两家合并，既做拉面又做板面，同时再弄一些奶茶之类的饮品；然后我们把店面好好装修下，一来扩大店内面积，二来美化店面环境。现在的学生喜欢有格调的店，加上我们食品的多样性，一定能留住很多客源。"

暑假过后，两家面馆合并为"××面馆"，店内不仅有拉面、板面，还有其他的一些小吃，在店面的一角还有一个奶茶店，很多来吃面的顾客会顺势买杯奶茶，也有的因为买了奶茶顺势吃了份面。除此之外，店内的装修风格也比较安静温馨，符合学生的审美要求。这样一来，面馆的生意又红火起来。虽然后来又陆续有一些店面开张，但是并没有对这家面馆产生太大的冲击力。由于名声已经打入人心了，也就很难轻易被超越。

两个面馆的小老板在分开经营时，难免对对方产生怨恨，但是现在他们一起经营着共同的面馆，都从中得到了自己的利益，两个人不仅是合作伙伴，也成了好朋友。当时从敌人变成朋友的这一步真是拯救了两个店面，也让两个人不再整天想着如何超越对方了。如果当时他们两家面馆没有携手合作，最终的结果就可能是两败俱伤，甚至亏本关门。

很多时候，我们的敌人也能给我们带来想象不到的利益。千万不能因为是竞争对手、是敌人而否定对方，那样很可能会影响我们的长远发展。没有永远的敌人，要用发展的目光看待这个世界上的很多人和事，如果不能意识到这一点，不仅在生意场上很难有所成就，在人际交往中也很容易错失机会。用一份宽容之心，对待所有我们即将遇到的人，对未来的发展是百利而无一害的。

有智慧的人能够正确看待敌人的存在，他不会因为某些事而对"过去的敌人"长久地持有否定态度，这样只会两败俱伤。局限于某一时的敌我状态，是愚蠢者的表现，真正聪明的人是不会这么做的。

诚信是铺设人脉网的关键因素

前面我们已经讲了人脉网的重要性,那么建设人脉网的关键因素是什么呢?什么才能让我们建立更宽广、更长久、更牢固的人脉网呢?这一点此前也提到过,那就是——诚信。虽然诚信待人一直充斥在我们的耳边,我们也从小就被教育要诚实守信,但是很多时候,我们是否真的做到了呢?如果为了个人利益,就不顾诚信,最后导致相互之间都没有信任,有关的人脉也就不存在了。

人脉网的存在是为了在关键时候能够有人帮助我们。如果我们一味地将自己的利益放在首位,又或是因为某些其他的原因做出欺骗别人的行为,那么是很影响相互之间的交往的。如果没有信任,那么人脉网还是人脉网吗?

二叔在老家开了一个奶牛场,平时从村民那里收购一些稻草之类的饲料喂牛。因为是原生态养牛,所以会有一些牛奶加工厂来收购牛奶。由于二叔为人实诚,不会在饲料中掺其他东西,于是渐渐地小有名气。

有一年,大概有七八家牛奶加工厂和二叔签订了合同,但是由于天气不好，农作物产量明显下降，使得收购饲料的价格远远高于原先预设的价格。饲料的突然涨价，是二叔始料未及的，如果继续按照合同上的价格，二叔的养牛场将承担一大笔损失，不仅赚不到钱，还很可能自己贴一部分钱；而如果违约，则需要付一部分违约金，虽然违约金相对损失费来说数目较小，但是会影响养牛场的声誉。当然，二叔也可以在饲料中加一些人工成分，压缩收够原生饲料的成本，但是这样也就违反了合同里的相关约定——确保使用天然饲料。

二叔在这件事上很是犹豫不决，不知道该怎么办，家人亲戚更是争吵不已。最后二叔一狠心，决定按照合同上的条款进行，"亏损的钱可以挣回来，亏损的名誉是挣不回来的"。于是，二叔以高价收购绿色饲料，又以合同的价格卖给牛奶加工厂。

后来，出人意料的事情发生了，牛奶加工厂那边又多给了二叔一笔费用，称是饲料补偿费。那一年，附近也有一些奶牛场，但是这些奶牛场的老板要么选择添加人工饲料，要么选择毁约，都没有像二叔这样愿意承担相应的损失，以至于和他们签约的牛奶加工厂也受损。而唯独与二叔签订合同的牛奶加工厂没有损失，反而在市场中赢得了一定的声誉，于是，牛奶加工厂也选择给予二叔一笔费用，以表示补偿。

由于二叔诚实守信，赢取了更多的客户，生意越做越大。另一方面，也有更多村民愿意把饲料卖给二叔，因为二叔不会把价格压得太低，不会坑村民。

从那之后，二叔结识了更多的老板，不仅扩大了自己的养殖规模，也有了资金，建立了专门的饲料加工厂。那些老板说，有了二叔这样的诚信合作伙伴，省心省力，值得建立长久的合作关系。二叔建立自己的饲料加工厂，那些老板也给了很大的帮助，除此之外，还在生活的其他方面帮助二叔，比如去年二叔的女儿去城里上学，就得多感谢其中一位老板的帮助。二叔说他们之间不仅是合作伙伴，已经俨然成为朋友了。

从中我们可以看到，在饲料涨价的那一年，二叔的诚实守信使自己、村民和牛奶加工厂都得到了相应利益：首先是二叔没有压低饲料价格，反而以稍高的价格收购饲料，这对村民来说是一种受益；而二叔的奶牛场由于没有掺杂其他的人工成分，保障了牛奶的质量，又没有趁机提高价格，使得牛奶加工厂在同行中收到了质量更高的牛奶，在市场中也赢得了消费者的肯定，这使牛奶加工厂受益；最后，牛奶加工厂盈利，又给二叔补偿费，二叔也从中受益，再加上名誉的提升，为二叔的奶牛场赢得了明媚的未来，是更大的一种受益。

古人一直强调诚信，这不是虚无的意义，自古很多讲诚信的人都被传颂，也道出了社会和个人对诚信的肯定和追求。人与人之间交往，就在于信任，如果我对你勾心斗角，表面一套背地一套，时间久了你也会发现我的真面孔，那么你还会和我交往吗？所谓人脉网就是建立在诚信之上，如果没有坚固可靠的信任，那么一阵风就能轻松地吹倒人脉网，这是非常可怕的，这样的人脉网简直就是形同虚设，根本没有什么意义。

讲诚信，不仅是公司与公司之间，人与人之间更是。不要以为耍一点滑头没什么关系，不要以为简单欺骗一下没什么事情，既然你想和诚信的人做朋友，别人也是一样。如果我们能够严格要求自己，以诚信为待人之本，不用多言，别人慢慢地就会发现我们的非凡之处；相反，如果耍小心眼，别人知道了也会慢慢远离我们。朋友之间是这样，人脉网也是如此，用诚信维护人脉网，才能受益无穷。

CHAPTER 3

第三章 与『贵人』交心，社交省时省力

开辟"贵人"社交通道

交一个优质的朋友,也就是我们常说的"贵人",胜过交十个普通朋友。遇见生命中的一个"贵人",能够帮助我们少走很多弯路,对我们的生命产生很大的影响。虽然很多人都知道"贵人"对我们有很多好处,但是大多人不知道"贵人"是什么人,也不知道如何结识"贵人"、如何为自己开辟"贵人"社交通道,因此虽然自己拼命努力工作,却没有质的飞跃。有的人说只要坚持就一定能够成功,这个不假,但是适当借助"贵人"的力量,能够更快地产生质的飞跃,不是更好吗?

某个初中同学没有上高中,学了厨艺后在某高档饭店做厨师。后来因为做菜比较好吃,被一个大老板挖去做私人厨子。当时我们都说这个同学"走了狗屎运,突然就碰到这么幸运的事情,真是前辈子烧了不少高香",后来我们才知道,这其中是有一定原因的。

原来,这个同学在学厨艺的时候,就听老师说过这样的例子,但是这种情况非常少见。但是他还是坚信只要努力就一定可以改变现状。于是在同等学习环境下,他比别人更刻苦,学习更加多样的菜肴，在别人休息玩耍的时候，他依旧在练习。等到毕业之后，他选择了去大城市应聘，这对很多同学来说都是不可思议的，因为他是在一家不是特别有名气的学校学习的。但是他依旧不顾众人反对，选择去了北京，从此成为北漂中的一员。后来才知道，他选择北漂也是认为在这里有机会接触更多的人和事，见识更大的世面。这也为他碰见那个大老板做了铺垫。

  他一直勤勤恳恳，一边脚踏实地工作，一边寻找机会。他清楚地知道在遇见"贵人"之前，必须要让自己有能力。刚开始他的日子过得很艰难，在北京这么大的城市生活，生活压力、经济压力都让他难以支撑。但是慢慢地，他的厨师领班发现了他的优点：做菜好、吃苦耐劳、有上进心，于是便向老板举荐了他。由于饭店是连锁店，老板也就向上级推荐，最后安排他去了一个更好的饭店。不用说，新的饭店自然遇见了更多好的厨师，客人对菜肴的要求也就更高了，但是在这里他能认识更多上层的顾客。虽然厨师和顾客直接见不了面，但是听服务员说起的时候还是激动万分，这更加深了他相信自己一定能够改变现状的信心。虽然饭店的厨师都说他在做白日梦，但是他并没有因此否认自己，也没有否认未来。相反，依旧坚持做好菜，他相信总会有一个"贵人"能够欣赏他的厨艺。

  终于，有一个大老板强烈向饭店老板要这个厨师，刚开始饭店老板不愿意，但是随着大老板的加价，最后还是成功地把这位同学要走了。后来，同学一直在老板家做私人厨师，老板有个人聚会的时候，同学会掌勺负责相关事宜，聚会上有外国商人，也有一些国内的知名人士，都对他的厨艺赞不绝口。

再后来，这个同学开始慢慢接触外国厨师，并且经常和他们在一起开办交流会。渐渐地，同学也开始从私人厨师转变为厨师老师，他教的学生比当年他的老师教的学生好多了。这个同学当年学艺时也没有想到自己会有这样的成就，但是在他决定来北京的时候，他就想到了要尽可能开辟"贵人"通道，开辟自己的社交圈。当然，这一切都建立在他有一定能力的基础和合法途径之上。

这个同学是典型的开辟"贵人"通道的成功者。首先在学习厨艺的时候，他就寻找"贵人"，这也是他为什么能够快速在北京找到工作的一个原因，因为学校有老师的朋友在北京，因此这是他的第一个"贵人"通道；去到北京之后，他不满足于当时的饭店，又借助饭店的"贵人"，去了新的饭店；然后借助大老板的力量，担任高级厨师；在这里，他知道会遇见名流人士，因此他兢兢业业地做好自己的菜，相信可以遇见更好的"贵人"，很显然，最终他成功了。如果没有"贵人"的帮助，恐怕这个同学目前还只是在某个小城市做厨师，或者是开个饭店做小老板，当时和他一起学习厨艺的同学，如今就是过着这种生活。

很多时候，命运就掌握在自己的手里，千万不要说自己不认识某些有名的人。世界上任何两个人之间都可以通过六个人相连，如果你没有找到，那只能说明你没有开辟自己的"贵人"通道。开辟"贵人"通道并不是一件困难的事，审视自己的能力，然后寻找最能改变自己人生的那个人，大多时候，这样的人都能帮助自己改变现状。

借助名人威望

"大鹏一日同风起，扶摇直上九万里"，这一句诗来自李白的《上李邕》，大鹏在飞上天九万里的时候，也要凭借着风的力量。在庄子的《逍遥游》里面，除了大鹏直上需要借助风的力量，鲲也需要借助水的力量才能游得很快很远。庄子强调"至人无己，神人无功，圣人无名"，这是人生最高的境界，但是能够达到这个境界的人很少，于是，从另一方面庄子也在说很多人都需要借助别人来成就自己。如果没有外界的力量，很多人是不能做出辉煌的事的。从这个角度来说，庄子的话与当代很多人借助名人威望并没有矛盾之处，只是最重要的要借助哪些名人的威望，以及借助威望做什么事，这才是关键。很多时候，恰当的借用是能够促进我们更快完成自己的任务的。

在现实生活中，很多人也一直勤勤恳恳，却不懂得借力。现代社会教育不断普及，竞争激烈，很多人很容易就隐没在人才大军中。不要认为借助名人的威望就是在趋炎附势，也不要觉得借助名人威望就是什么不厚道的事，有时候唯有能够把握住一定的机会，才能快速走上正轨。

某公司有两个人被分配到农村实地考察一个项目，考察的结果将直接影响公司下个季度的生产计划，因此这项任务至关重要。而让这两个人去考察，也是部门经理特意的安排，因为两个人都新入职不久，并且学历也相似，部门经理就想看看同样一项任务，两个人谁能够做得更好。

小李是其中一个。刚到农村的时候，他一头雾水，因为什么都不知道，很多东西部门经理也没有安排和叮嘱，简直就像一个人被扔到野外，让他自己生存。对此，小李有些不知所措，但是想到还有任务在身，也不得不有所行动。他首先是熟悉了附近的地形，其次是确定询问的人群，最后就是展开考察。由于对当地的不熟悉，这几项任务他花费了很大的精力和时间。有村民提议让他找村长，但是在和当地村长交涉的时候，虽然他讲明了自己的来历，但是很显然并没有说服村长，最后也只能单枪匹马地开始行动，以至于工作进程缓慢，也比较杂乱。不用说，小李完成的结果虽然看起来不错，但是整体还是不太协调。

另一个被安排调查的小王，则有着不一样的行动。同样，他也想到找村长帮忙，毕竟村长能够解决考察中的很多问题。首先，小王在和村长表明自己的来意之后，并没有着急请求帮助，而是讲述了自己曾经在某大学学习，并说自己曾经和某些名人交谈过，在讲述个人履历的同时，还讲述了公司的合作伙伴以及此次考察的重要性。此外，小王还拿出自己的"证据"为自己所说的一切证明。村长也不是不讲人情的人，更重要的是他意识到这次考察的重要性以及小王的与众不同，于是答应帮助小王。在后续的考察中，由于有当地村长这个"名人"的支持，行动起来自然很是顺利，村民们积极回应，还主动帮忙。结果，与小李相比，小王的考察用时短、效率高、结果也很好。

与小李相比，小王借用了两次名人威望，第一次是在和村长沟通的时候，小王讲了自己和公司的辉煌历史、一些曾经认识的名人，让村长承认小王的与众不同，因此才愿意给予帮助；第二次则是在考察过程中，小王借助村长的名人威望，使得考察更加便捷有效，因此，小王的考察结果肯定更符合部门经理的要求。小李知道小王的考察过程后，也对此表示佩服和甘愿向小王学习。

有时候，能力与成功之间，就差这么一点名人威望。巧妙运用名人威望，能够适当地提高自己的身价，使别人给予我们更多的尊重，从而树立一定的个人威信，有利于我们能力的正常发挥。如果我们没有得到足够的尊重，别人很可能会怀疑我们的合法性，怀疑我们的能力，这对我们后续正常工作的进行还是会产生一定影响的。

　　但是在借助名人威望的时候，我们也需要注意一些问题。比如，对不同的人借助不同的名人威望时，选取的"名人"是不一样的，就像以上故事中的小王，他在和村长沟通时，就需要借助村长觉得厉害的名人，而在和村民沟通的时候，村长就是名人，借助村长的威望就足够了。同时，我们要明白名人威望不是随便借的，要确保真实，如果虚假地借助一些自己不认识的名人，恐怕不但不能够取得预期效果，甚至还会背道而驰。因此，在借助名人威望的时候，要清楚地知道借助谁的威望，以及怎样借助威望。借助名人威望并没有错，只要用得恰当，不损害其他人利益，是一个不错的做事方法。

与"贵人"常沟通

　　我们一直强调"贵人"的重要性，那么到底如何才能与"贵人"建立更好的关系呢？首先，遇见一个"贵人"就是不容易的事，那么如何与"贵人"沟通，才能更好地借助"贵人"的一些对我们有利的资源呢？

其实不管是和"贵人"交往，还是和普通的朋友交往，我们都会有这样一种感觉：很久的朋友如果不经常联系了，那么再次见面多多少少会有一些距离。以至于后来请求朋友帮忙的时候，会显得有些尴尬和陌生，很担心别人会以为我们是在有事的时候才联系，没有需要帮助的时候就不和他们联系。因此，朋友之间相处，平日里的联系还是很有必要的，千万不能有求于人的时候才去行动，而是要在平日里就做好铺垫。普通朋友都是如此，更何况一些人生中难得遇见的"贵人"呢？

但是如何进行沟通又是一门学问，如果沟通得不好，会显得自己有明显的意图；沟通多了，会被认为阿谀逢迎；沟通少了，又不能达到我们预期的效果。所以，沟通的"度"还是非常关键的，把握好这个度，有关"贵人"的资源我们也就能够加以利用了，这对我们后续的发展是非常有帮助的。

记得大学一个女同学喜欢文学批评，也准备考某高校对应的研究生专业。刚好某次学院开展一次讲座，主讲就是这个学校的老师，也正好是她准备考的这个专业的导师。女同学想，既然这个导师能够来自己学校开讲座，就说明自己学校一定有认识这个导师的老师。

在讲座开始之前，女同学首先仔细研究了这位导师的一些研究方向和与讲座主题有关的知识。在开展讲座的时候，她认真聆听导师的讲座内容。讲座的最后环节是提问，这对女同学来说可是一个最好的机会了，不出意料，她提的问题很有价值，导师在回答她的问题之前，也赞扬了她提的问题。这是女同学第一次抓住机会结识"贵人"。会议结束后，女同学特地找了本学院主持该会议的老师，并询问了导师的联系方式。之后，她主动发信息询问导师什么时候有空，说自己有学术上的问题想请教一下导师。

第二天，女同学单独和这位导师见面，拿出自己此前写完的论文，其中内容就涉及这位导师的研究方向。虽然一些问题在导师眼里不算很先进，但是比起同龄学生而言，已经很不容易了，看得出她的用心和努力。此后，女同学就和导师间接性地沟通联系，很多内容都涉及相关学术的问题，慢慢地，也就涉及一些有关考研方面的指导。在考研之前，由于我们学校和这个导师的学校不在同一个城市，女同学有时候会借放假旅游的机会去拜访老师，久而久之，两个人俨然成了良师益友。虽然她还没有考研过去，但是导师在接课题的时候多次询问这个同学愿不愿意参与进来。除此之外，女同学过年过节也不会忘记发去祝福短信，用同学的话来说就是"趁着过年过节刷一下自己的存在感，传达一下自己的祝福，终究没有错的"。最后，女同学凭借自己的努力通过研究生考试，成功成为梦想中导师的学生。

当然，女同学考研成功首先在于自己的努力，但也不能否认有"贵人"的帮助。如果那一场讲座她没有抓住机会，说不定后来在研究生面试的时候就会吃一些亏。当然不是说女同学一定考不上，但是至少相比认识导师，并且在导师面前展现了自己的才能，可能会更加吃力。

后来，这个女同学听导师说，如果当时她没有在讲座结束后再次联系导师，那么导师对这个学生也不会有特别大的印象，因为对导师来说，参加讲座的情况真是太常见了，他们会遇见很多学生，当然也不乏有提出好问题的学生。但是就是因为这个女同学在讲座后又找了导师，以及后期和导师讨论相关的学术，导师才加深了对她的印象。

也就是说，这个女同学与"贵人"常沟通是非常成功的。她没有不和老师沟通，但是也不是和老师瞎聊天，因此，注意"贵人"的兴趣爱好和精神注意力所在的领域也是很重要的。和导师打交道，自然要知道导师的研究方向，不能以一些平常琐事为理由进行沟通。同样的道理，如果和一个商人打交道，那就要关注商人做的产品，从这方面下手。所有人都只关注与自己有关的领域，也只有在这一领域有自己的发言权，因此，在与"贵人"沟通的时候，一定要找到"贵人"的"兴奋点"，这样才能用一种简便的方法快速有效地达到沟通目的。

除此之外，也要对"贵人"的兴趣爱好以及相关的个人性格有一定的了解。知其所好，投其所好，才能达到事半功倍的效果。如果只是一味地用自己的方式和想法去做事，恐怕很多时候不一定能够得到想要的结果。看起来常沟通不是一件多么困难的事，但是社交无小事，如果做得不好，可能就错过"贵人"了。

主动接近，让"贵人"心动

我们常说"机会是留给有准备的人的"，同样，对于"贵人"也是如此，如果我们不主动接近，很可能会失去很多机会，每一次机会都可能是人生中重要的一步。"贵人"对我们有很重要的作用，甚至能够帮助我们改变人生，这样的人一般来说都是比我们有能力、有地位的人。所以，与"贵人"交往，我们更需要一定的主动，才能让事情变得更加顺利且如我们所愿。我们之所以结识"贵人"，也就是想扩大自己的人脉圈，或是请"贵人"帮忙，如果我们一点都不主动，难道还奢求"贵人"来问我们需要什么？

一般"贵人"是不会主动接近我们的，除非我们也有某一方面引起他们的注意和欣赏。但是整体来说，与"贵人"交往还是需要我们主动接近。一方面，主动接近能够表现我们的关注和一种积极的态度，另一方面也能够表现出我们的真诚。

一个朋友学习绘画，学了两三年后准备进入一个绘画协会，但是还差一个稍微有名气的画家的一封推荐信。于是，他便开始审视身边的朋友，发现有一个朋友认识市画协的主席，便请求这个朋友引荐一下。在一个夏日的午后，这个朋友引荐两个人见面，但是鉴于才认识不久，直接说出自己的请求有些不妥，朋友准备过段时间再提这个请求，等时机成熟了也就方便了。

　　于是朋友就一直在家等着，准备过三五个月再请这个主席吃顿饭，顺便请求一下。某一天，朋友妻子回家问道："市画协主席的画展不去参观吗？"朋友一愣，说不知道有这回事，接着就说不去，因为自己也是画家，画协主席没有邀请自己，自己唐突地出现不太好。况且两个人都算朋友了，却没有收到邀请，说明画协主席并没有把自己放在心上，自己没必要热脸贴人家冷屁股，自找没面子。朋友妻子听完之后，转瞬就变了脸色，说朋友该行动不行动，根本不像要求人办事的人，接着又说："画协主席没有邀请你可能只是忘记了，毕竟你们只有一面之缘。他没有邀请你，你更应该去，以此表现一下自己对他的关注，也有利于以后的交际和来往。"

　　朋友听完之后，觉得有道理，就在画展的那一天去参观。在画展中，朋友刚好碰到画协主席，便主动和画协主席打招呼。画协主席一看是一面之缘的朋友，也是很惊奇、欢喜，说"你怎么有空来参加我这个档次不高的画展"，又说因为怕朋友没时间才没有发出邀请之类的话，还请朋友指点批评一下。接着两个人一起欣赏画展,画协主席和朋友说自己作品的来龙去脉,两个人也就某些绘画艺术一同讨论了一番。

画展结束后,两个人自然而然地去了饭店吃饭。吃饭的时候,朋友委婉地说出了自己需要一封推荐信,画协主席一听,就答应了。后来朋友借助这封推荐信成功地加入了协会,两个人也成了朋友,经常性往来。交往之后,朋友才知道画协主席平日是一个很忙的人,也不会接受所有人的请求,并且主席是性情中人,很是讨厌那种仅有一面之缘或是直接带着礼品上门请求帮忙的人。但是,画协主席更是一个愿意为朋友两肋插刀的人,也就是说当画协主席愿意给朋友写那封推荐信时,就已经把他当朋友了。并且在后来,画协主席也帮助了这个朋友很多事情。

假如当时朋友没有听从妻子的话去画展,画协主席肯定不会想起这个朋友;如果朋友还像自己想的那样一直等着,等过几个月就像成为好朋友一样去找画协主席,恐怕画协主席甚至都忘记他了;如果朋友带着礼品去画协主席家里拜访他,或是单独请画协主席吃饭求办事,一定会遭到画协主席的厌恶,就算朋友千方百计地得到了这封推荐信,两个人也不一定会成为朋友。但是就是一件小事,足以改变一切可能。在画协主席眼里,就是这么一件小事,体现了朋友对他的关注、信任与真诚,从而促进了感情的产生和发展。"贵人"的心动,不见得就是因为买很多东西、送很多礼,很多时候更重要的是拿出真心,付出行动,让"贵人"

看到我们的热情，这比我们一味地等待更有用。

主动接近，才有机会让"贵人"心动；如果不主动接近，会失去很多机会。一个人每天都会遇见很多人，如果不主动接近，"贵人"也就容易忘了我们了。主动接近，更能直接地传达出我们的诚意，让"贵人"感觉到我们的真心，才愿意帮助我们。

怎样结识交际枢纽式的人物

大家都知道交际的重要性，毕竟一个人一生中超过80%的时间在和别人打交道，很多时候各种工作也都是在和别人打交道中完成的。我们常说，结交一个厉害的朋友胜过结交许多普通朋友，但是很多人会说自己身边都是一些普通人，要如何才能结识这样交际枢纽式的人物呢？有的人可能在等着交际枢纽式人物主动出现在自己的世界里，而有的人则会自己寻找办法，创造一定的机会来主动出现在交际枢纽式人物面前。这就是人与人之间的差别，很多时候如果我们不能抓住机会，如果没有学会主动创造机会，那么不管怎样等待，都不会出现交际枢纽式人物的。在社交上，我们需要的是主动出击，而不是守株待兔，守株待兔只会让自己错失很多机会,而主动出击更能够抢占先机,使自己具有主动权。

　　我有一个小学同学很早就不读书了,在别人还在上学的时候,他已经开始打工;在别人毕业开始找工作的时候,他已经开始创业;在别人发愁什么时候涨工资的时候,他已经将公司做得风生水起。很多人说"学习没用,上了大学也没用",但是他说自己混得好和上不上学没有关系,如果他上大学可能会混得更好。他说:"上了大学后的社交圈是不一样的,认识的人也是不一样的。"他是没有上过大学的人,当初遇到的人也都是那种平凡普通的人,如今取得的成功,其中的成绩并不是只属于他自己,社交也帮助了他很多。

　　同学做的是快递服务行业,在当时他可以说是比较有头脑、有见识的。但是想生存下来,仍然不容易。在创业之前,他是给别人打工,在这期间,他结识了很多牛人大咖,为自己后来创业奠定了很深的基础,如果不是这一段时间的沉淀,怕是也不会做得这么好。在打工和刚开始创业的时候,他通过一些会议和公司间的交流,认识了一些比较有名气的人物,慢慢地与这些有名气的人物成为好朋友,再通过参与这些朋友的会议或者通过他们的引荐,认识更多更有名气的人物。慢慢地,他将自己的社交圈建立起来,使得自己跻身于这些优秀的人物之中。而不像其他人,一直沉浸于自己的小社交圈中,没有上进心,或者即使有上进心,也不行动。

很多人不屑于向上认识更有用的人，但是你要知道，你认识的人不一样，你所接触的世界也是不一样的。不要觉得认识很多厉害的人就是攀附，我们只是需要互相合作，如果不能给彼此有用的价值，那么对于彼此来说都没用。我们都知道，我们与世界其他任何一个人都可以通过六个人认识，但是最重要的是你如何寻找这六个人，即便你找到了，别人是否真的愿意帮你寻找下一个更好的人？

我们的社交圈其实就是一层一层的，如果能够利用自己现有的资源不断地提升自己的境界，那么我们认识的人也会是不一样的。另一方面，当我们结识了厉害的人物时，我们是否能够去维持这么一份交情？如何将那些有影响力的人变成自己亲密的朋友，是决定我们能否再进一步结识更为有影响力的人物的关键。不要觉得我们只要结识了比自己强的人就行了，将认识的有重要人脉资源的人变成自己的朋友才算成功，那时，这些人的人脉圈，也有一部分属于你。

结识交际枢纽式人物，首先一定要让自己有一定的能力。如果对别人来说，你并不能给他带来什么利益，那么别人结识你又有什么意义呢？如果我们没有足够的能力，即使认识一些有名气的交际枢纽式人物，那也不过仅仅只是认识罢了。能够将认识的加以利用，才是我们最值得做的，而首要前提就是你需要有一定的能力，能够对交际枢纽式人物有一定作用，这样他们才可能贡献出自己的人脉圈。

其次，就是寻找合适的机会。不管是想结识什么样的交际人物，有结识的机会才是交往的第一步。这就需要我们自己去寻找机会，毕竟交际枢纽式人物肯定不会主动来结识我们。既然是交际枢纽式人物，那么这些人物势必会经常性出现在各种他们能够出现的场合中。比如我大学时候有一个老师，就是文学研究界中的交际枢纽式人物，他经常受邀参加各种诗歌颁奖典礼，或是参加很多诗歌采风研讨活动等，认识学界、诗歌界很多人物。很明显，如果想结识这样的人物，你得知道这个老师会上什么课、参加什么活动，其次再找机会去参加有这个老师参加的活动，进而才有结识的机会。或者，有时候我们也可以寻找某个中间人引荐一下。虽说中间人引荐更有利于我们结识枢纽式人物，但并不代表我们就能够和枢纽式人物成为好朋友。同时，我们也要知道找谁做中间人一样很重要，这个中间人往往是我们能够结识的枢纽式人物，慢慢地你会发现，很多人很可能都是枢纽式人物，通过他们的介绍，我们会结识更多枢纽式人物。

不要觉得枢纽式人物离我们遥不可及，既然是枢纽式人物，很可能也与我们间接认识。总之，牢牢把握身边的各种人际关系，使其为我们所用，唯有如此才能够促进我们的人际交往。

CHAPTER 4

第四章

社交潜规则，高情商的人都懂

不能忽视面子工程

很多时候，表面工作的好坏也能决定一个人的命运怎么样。不要觉得表面工作没有必要，抑或是觉得只要自己有实力就行了，不需要在意这些小细节，但凡经历过一些事情的人，都知道面子工程同样很重要。"一屋不扫，何以扫天下"，如果我们连表面工作都没有做好，别人也不会对我们其他的工作感兴趣。因为很多时候我们给人的第一印象就是表面，表面的好坏决定了别人是否还愿意继续进一步深入地了解我们。比如相亲，不管怎么样，男女双方都会把自己的"面子工程"做得很好，因为如果第一面就表现得邋遢不精神，会让人很是反感。有研究表明，人与人之间的交往，第一印象很重要，在第一印象之后，再想改变别人对自己的看法，就很困难，或者说需要花费很大的时间和精力。好的个人形象肯定会给一个人加分，这是无法避免的一种交往现象。

除去个人之外，公司的"面子工程"同样重要。因为只有一个好的"面子工程"才能获得被深入了解的机会，毕竟很多时候互相之间并不是特别了解，也没有过多的时间去深入了解，于是，"面子工程"就成为了解对方的第一步。

徐阳所在的公司和另外一个公司一起竞标一项工程，徐阳的公司掌握着更加先进的技术和生产力，自以为有十足的把握拿下这项合作；而另外一个公司在技术和生产力上稍逊一些，但是上下一心，比较团结，并且对细节很在乎。也正是因为这些原因，导致最后的结果出现了戏剧性的一幕。

两家公司同时接受考察，徐阳自觉有实力，也就没有放在心上，加上内心里觉得需要给对方最真实的一面以表现出自己的真诚，于是在接受考察之前，并没有特别地做准备，很多人几乎都不知道有这么一项考察。在接受考察的这一天，竟然有一些人无故不来上班，导致公司出现一些空位，很是扎眼；同时，公司的卫生也和平日里差不多，并没有特别之处，许多卫生死角依旧很脏，甚至办公室的地板都有污渍，会议桌上还有灰尘；在被要求看某些文件的时候，也是东慌西忙地找来找去，很显然并没有提前准备；在泡茶的时候，没有准备好热水，连茶叶也是很久以前的；就连考察结束后去吃饭，也是到了饭店被告知席位已经满了，不得不重新找饭店。总而言之，很多东西显得"真实"而又"乱糟糟"，真的是平日里的模样，甚至还不如平日。可想而知，考察人员对这家公司的印象很差，虽然最后他们拿出的材料方案比较好，但是整体的作风令人感觉不适。

另一家公司则截然相反，经理在得知接受考察的第一时间就开始策划方案，不仅是策划技术项目方案，也包括如何维护公司的各项日常生活。除了在硬件上对员工提出要求，在行为作风等软件上也提出标准，毕竟员工的形象代表着公司的形象。并且，经理发话，如果这个项目能够接手，不仅是公司的荣誉和利润，对所有员工也有表彰和奖励。因此，公司人员同仇敌忾，上下一心，在接受考察的当天，一切进展得都很顺利，不管是接待服务，还是公司的表面形象，比如卫生、员工的精神状态等都令人眼前一亮。虽然在技术上有所欠缺，但是公司领导的态度令人欢喜。

通过考察，徐阳所在的公司最终没有中标，这对公司的发展造成了很大的损失，徐阳也因此被解雇。后来，他的公司吸取教训，也开始重视"面子工程"，当然也不是过分重视，比如对员工的服饰有了更高的要求，公司的环境卫生也有了很大的提升。再后来，由于先进的技术和良好的公司形象，使得公司在同行中又保持着领先的水平，这一切都是吸取了那一次失败的教训。

对我们来说，做好"面子工程"是很有必要的。对第一印象、对第一面的重视至少能够表明你是在乎对方的，没有忽视或蔑视对方。"面子工程"只是表现自己的第一步，从中能够看出你有没有上心以及上心的程度，应该真正了解其中的重要性，并且发自内心地去做。唯有如此，才不会成为形式主义，而真正具有原来的意义。

及时沟通，消除误会

如果不能正确处理两个人之间的关系，有时候即使是再亲密的两个人，也会出现一些不可知的误会，继而引发矛盾。如朋友之间出现误会，很容易影响友情的进一步发展；如果与公司同事之间出现误会，不仅影响两个人的心情，也会影响工作的进行。任何两个人之间都不能百分之百地理解对方表达的意思，很多时候会造成相互之间的一些误会，可能原本并没有的事情，由于某些"中间人"的挑拨离间使得两个人之间出现误会。这些情况都是会出现的，出现不可怕，但是对出现的误会放任不管，并且任由其发展，就不对了。试想一下，两个人如果因为一些小事产生误会，因而一生成为仇人，这多么可惜？如果过了很久两个人才意识到误会的存在，是不是有一种惋惜之感？

公司两位同事小希与小洁发生了小误会，不过是因为一些小事，但小洁一直不愿意理小希。听小希说，有一天部门经理急急忙忙地找到她，因为经理听说小希大学是学中文的，猜想她文字功底应该不错，于是就临时给她布置了一项任务——根据材料写出一份周日的会议总结报告。由于是经理直接找到了小希，小希也就没有拒绝，当天下午便提交了经理要求的会议总结报告，因为写得不错，还被经理夸奖了。没想到这件事却让同事小洁很不开心。小希本来也没有发现什么异常，就是感觉小洁对自己怪怪的，当时她也没有多想，只是觉得小洁最近可能心情不好吧。

直到某天，另外一个同事说小洁的不正常反应是因为小希，小希一脸茫然，很是纳闷。后来，小希才打听到原来是因为她帮经理写了会议总结报告，而这项任务本来是小洁的，并且小洁也已经写过了，只是那天经理没有收到会议总结报告，以为小洁没有写，后来还把小洁骂了一顿，然后顺势夸了小希写得好。这让小洁很是不开心，觉得是因为小希自己才挨骂，因为在此之前，小洁写的东西从来没有被骂过。

弄清楚原因之后，小希找到了小洁，小洁依旧不想理她，但是碍于同事关系，也没有过于张扬。小希约小洁下班后一起吃饭，在吃饭过程中，小希讲述了事件的来龙去脉，并说自己并不知道这是小洁的工作，而是因为经理当时急匆匆地找到自己，感觉事情还是比较着急的，就没有推辞，至于经理夸自己，自己绝不知道。小希顺便贬低了下自己的文采，赞扬了小洁的文采，说自己并不是专门做文字工作的，平日里还是需要小洁帮经理写东西，自己平日里也需要仰仗小洁的照顾，在经理面前多美言。

这让小洁很是开心，自己所谓的面子和尊严得到了尊重，加上小希的道歉，也就顺势装作什么事都没有。虽然事情得到了解决,但是小希也觉得自己很委屈,明明自己并没有做什么不该做的事,为什么要主动道歉。后来有同事劝慰她说:"虽然你很委屈,但你的道歉是对的,如果你不道歉,虽然表面上保住了自己的尊严,但是对你来说也不一定会受益。小洁之所以会这么觉得,一方面和自己的个性有关,另一方面也难免有公司的一些人在背后煽风点火。你的道歉表面上只是消解了小洁和你的误会,但是其背后彰显着更多东西,同时,也能让公司更多的人看到你的宽宏大量以及小洁的蛮不讲理。"

虽然这件事错不在小希,她的主动也许会显得有些"卑下",但是事实上,这对小希来说并没有什么损失,而且很可能经过这么一次误会的消解,两个人就成为朋友了。小希弄明白了事情的原因后,没有任由其发展,这是一个很正确的选择,假如真的闹下去,很可能会闹到经理那里。虽然原本小希在理,但是一旦事情闹得比较大,两个人就都没理了,到时候不见得小希就有好下场。现在虽然小希委屈了一点,但是事情得到了解决,也得到了小洁的信任,公司其他同事也都看在眼里,也会知道小希和小洁的不同。经理知道后,也肯定会以不同的态度对待两个人的。

很多时候,不要小看一点误解,如果不及时消除,对未来的发展一定不是什么好事。别人可能意识不到其中的严重性,但是你需要意识到,因为你要成为不一样的人,就必须要做一些与众不同的事。这并不涉及面子问题,知道自己需要什么、自己应该做什么，不是容易的事，在得知产生误解的第一时间就消除误会，很多时候会为自己加分。除此之外，及时地消除误会，能够避免很多其他可能会发生的事情，毕竟很多时候，很多事情都是在原本不值得一提的小事上发展起来的。

千万不要小看那些小事情小误会。与人产生误会了，不管是自己有意的还是无意的，都应该在第一时间找别人消除误会，如果我们误会了别人的某些事，也应该在第一时间找当事人说出自己的想法，表明自己不再误会了。及时地消除误会，能够让我们收获很多东西；如果不能及时消除误会，则很可能会产生更多的问题。

不同场合，用不同的方式对待一个人

在与人社交的时候，我们要意识到同一个人的不同身份是需要面对不同事情的，也意味着要承担不同的职责，但是很多时候很多人并不能把握好这样的区分，以至于经常会出现许多意想不到的麻烦。

历史上有这样一个小故事：

朱元璋在当皇帝以后，有一个小时候的玩伴来找他，对他说："我主万岁！当年微臣随驾扫荡芦州府，打破罐州城……多亏菜将军。"朱元璋听了很高兴，立即封他做了大官。另一个小时候的玩伴听说后也来了，见了面就直接说："还记得以前吗？我们在芦花荡，你只顾着从地下满把抓豆子吃，叶子梗在喉咙……"朱元璋一听，就让人推出去斩了。

先不管真假，这个故事至少在某种程度上反映了说话的艺术，说"不同场合，用不同的方式对待一个人"。以前朱元璋还没有做皇帝，互相开玩笑，说话不顾忌也就算了，但是当朱元璋当了皇帝后，当着众人再这样说就不太合适了。很显然，第二位就是不懂得不同场合用不同方式对待一个人。

现实生活中也是如此，可能很多人也知道身份的转变，但是在实施中很容易就遗忘，然后在任何场合都用同一种方式对待一个人。

小张是我工作后认识的一个朋友，小高是他的妻子。两个人自大学开始在一起，工作后在同一个公司，感情很好，也于前不久结婚。两个人的关系很奇妙，在公司小张是小高的上司，但是在家小高就是小张的"上司"。

我问小张："你们不会把这种身份搞混吗？比如在公司，小高会不会不服从你的安排，或者故意撒娇耍脾气？"小张说这一点他们相处得很好，在家是在家的样子，在公司是在公司的样子。

后来有机会真的见到了这一面，先是去小张的公司谈一个合同，看到小高在认真地工作，当小张下放任务或是找小高的时候，小高也雷厉风行，不会有什么埋怨，俨然看不出他们两个人是夫妻。听小张说如果公司有什么聚餐之类的，小高也只是间接性地让他少喝酒，绝不会不懂礼貌，缠着小张。小张说，这就是他最欣赏小高的地方。

　　后来又有机会去他们家参加一个派对，很多朋友在他们家，小高忙里忙外，需要帮忙的时候叫小张，小张也二话不说就出现。对小高说的话，小张也视作箴言，不反驳不怀疑，可以说真的是一个好丈夫的形象。两个人恩爱至极，任何时候都没有耍脾气或是摆架子。小高告诉我，虽然他们面临着多重身份的转变，但是相互之间已经很默契了，因此相处得很好，这一点不仅让他们体验到了更多乐趣，也避免了更多麻烦。同样，他们对待朋友也是一样，在轻松舒适的场合显得幽默欢愉，在严肃正式的场合则显得端庄典雅。因此，在别人眼里，他们两个也是多重模样，但是不管怎么说，他们把生活方方面面的角色都做得很好，这是毋庸置疑的。

　　我问他们是怎么做到的，小张说，其实有时候他们也不能尽快适应角色、场合的转换，会下意识地用原有的看法、做法对待一个人，但是当自己主动地想一下，时刻告诫自己，情况就会好很多。"我不喜欢那种在所有场合都以同种方式对待别人的人，过分单一会显得一个人很古板，没有变通的思维，这对维护双方之间的感情是很不利的，不仅对自己，对别人来说也很累。我认为认识这个问题并且采取行动，是每一个人在社交中都应该做到的"。

能够快速适应各种不同的场合，运用不同的方式对待同一个人也是一种高情商社交的体现。就像对待好朋友一样，在聚会上，自然可以各种放松甚至开玩笑；但是如果在某些谈生意的场合见面，那就肯定不能过分开玩笑了。每一个人在不同场合有不同身份，如果不管任何时候，都一味地采取某一种单方面的对待方法是一种非常愚蠢的行为，在某种程度上也是不尊重别人的表现，很影响两个人之间的关系。

这让我想到一个词"良师益友"。为什么有时候说老师或者朋友亦师亦友，因为一个人在不同场合、不同时间，担任的角色是不一样的。当你的朋友成为你的老师时，如果你还以对待朋友的方式对待他，他肯定不会那么开心，也不会和你开玩笑；同样，如果老师成为你的朋友时，在一起吃饭，虽然可能不会过于自由，但是如果还像平日里那么严谨，也不见得就是好事。在公司中也是一样，上级有时候也是我们的朋友。不管是哪一种身份，都需要用敏锐的眼光第一时间发现，并用不同的方式对待不同身份的同一个人。这说起来容易，做起来还是很困难的，一旦把这项技能熟练了，那么与人交往的艺术也就学到了。如果能够意识到不同场合用不同的方式对待一个人，既是对别人的尊重，也是自己成熟的体现。

不该说的话装作不知道

很多人都知道说话是一门艺术，但是并没有多少人能够真正地掌握这门艺术。因为说话反映着一个人的思路，如果他没有意识到一件事该怎么做，很多时候说出的话也是有问题的。这里主要讲述一种情况，不该说的话不妨装作不知道。很多时候一件事情即使你知道，但是不该你说或者说出来会影响不好，那你就忍着别说。人都有一个劣性，很多时候自己知道的事情会忍不住对别人说，一旦说出来之后，很可能就会产生不易解决的问题。于是，这是对每一个人的考验。不说不该说的话，能够帮助我们省去很多不必要的麻烦，选择性地叙述自己知道的信息，对我们同样很重要。

几年前在一个饭局上，朋友王杨跟大家分享了自己曾经教书的学校的事情。

那时候王杨在学校只是一个新入职不久的老师，因为年轻，所以很多时候都没有威信，也没有特别多的人气。有一段时间，该学校的校长力推改革，王杨有一个同事，和校长有一定的亲戚关系，因此在对学生进行课改这件事上，知道的信息比较多。有一天，这个同事就讲了一些有关课改的事情给王杨。

本来这也不是一件见不得人的事情，但是王杨并没有对听到的这些信息进行大肆渲染传播。虽然身边的同事以及学生和家长都在不同程度地讨论课改的事，但是自己也只是学校里新来的老师，对很多事都没有把握，发表过多的言论不见得是一件好事，所以他就比较低调，尽管从别人那里得到了很多信息，但是并没有与其他人过多谈论与课改有关的事情。学校其他人则是将课改当做一个聊天话题，每天一见面就是"你知道课改怎么样了吗""我听说啊，课改是学习其他学校的"……仿佛谁知道的更多，就更能成为社交的巨星。在别人问及王杨的时候，王杨只是简单地说不清楚，或者说一些自己知道的确定的事情。后来，不知怎么传的，竟然说校长进行课改有一些私人利益和内幕，如此更加促进了该话题的讨论。

王杨始终保持着对不确定的事不妄加揣测评判的态度，尽管周围的人都在评论，甚至成为一种时尚，但是王杨依旧保持着自我，因为他知道不该说的话就装作不知道。而周围的人则议论得比较强烈，后来，事情闹大连教育局的人也参与进来调查这件事情。经过一系列调查，证明校长并没有任何私人利益在里面，也就是说这是一个谣言,并且最后调查出是王杨这个和校长是亲戚的同事传播的。

原来,这个同事和校长因为课改的一些事情发生了争执,两个人互不相让。校长可能表现出自己是校长,更有权力,于是这个同事就不开心了,再加上本身就有点嫉妒,但是不知道怎么办,就对外说校长的课改涉及个人利益,想以此打断校长进行课改的计划。没想到事情慢慢闹大,学校里的老师以及学生家长都在猜测校长到底是什么目的,有没有侵犯自己的利益等。

王杨说他每次回想起这件事都心惊胆战,因为后来事情闹得比较大,造谣传谣比较严重的人会以法律进行处理。王杨很庆幸当时没有因为那个同事和自己说了什么,就马上传出去,否则即使没有受到法律的制裁,在学校恐怕也会对自己造成一定的负面影响。后来,王杨慢慢成为年级主任,接管了之前那个同事的职务。如果当时王杨没有忍住,而直接和其他人进行交流和传播,那么他肯定也不会有现在的成就。

很多时候,我们对某些得知来的信息不加判断就迫不及待地想要传播出去,这自然和我们的本能有一些关系,但这对我们是没有什么好处的,如果我们在不适宜的时候讲出我们知道的事情,很可能会影响我们进一步的发展。所以,有时候当一个什么都不知道的"傻子",并不是愚蠢的行为,相反,那些口无遮拦的人才更加愚蠢,会引发很多不应该有的麻烦。老子说过"大智若愚",

不仅在为人处世上如此，在与人沟通交流上也是一样。很多时候不见得我们知道得越多，表现出来得越多，就显得我们越聪明。

有时候，我们都想交那些聪明，知道哪些话该说、哪些话不该说的朋友，因为与这样的人交往不累，而且很轻松。只有这样的人才是成熟的人，就像王杨一样，正因为他的克制，才使得他没有被牵涉其中。

许多时候，少说多听总是好的。当然，万事不能极端，所以要学会在适当的时机、场合说适当的话，关键是要把握好分寸。不该说的话当做没有听过，这是高情商的行为。

眼神交流，让你更胜一筹

在日常交往中，不管是语言还是某些行为举止，都在展示着我们的个人形象。而很多肢体语言能够建立别人对我们的第一印象，常常能够体现出一个人的修养，这一点许多人都比较留意。但是，除此之外，还有一种很重要的"语言"，许多人并不留意，那就是——眼神。

都说眼睛是心灵的窗户，这不是什么虚无虚假的话，有些人看起来显得很有精神，但是有些人看起来可能就显得萎靡不振，其区别往往在眼神。有时候，一双眼睛能够为我们透露许多具有内涵的东西：一个积极向上的人，一定有一双"放光"的眼睛，有着敏锐的眼神；而一个沉沦堕落的人，一定有一双"黯淡"的眼睛，有着软弱无力的眼神。不同的眼神能够给我们不同的感觉，能够传达出一个人内心的真诚或是虚假、自信或是自卑。把握住眼神的重要性，更有利于我们在与人交往时利用好眼神，为我们的交往锦上添花，甚至有时候能够帮助我们挽回败局。

有一个学弟现在在政府部门做秘书，可以说混得很好。他并没有高学历，也就是普通二本毕业，但是整体看，他的人生经历还是比许多名牌高校毕业的学生好很多。毕业后，因为某些情况他并没有考研，而是直接参加了工作。我们都知道，公务员的竞争是非常激烈的，也不知道这个学弟哪来的勇气，不仅报考了公务员，报的还是热门方向的公务员，我们当时都不看好他，觉得以他的文凭，就算通过笔试，也很难通过面试。

面试那天，和很多人一样，他准备了合适的衣服。在和考官进行交流的时候，他除了注意回答问题的正确性，也很注意避免回答问题时的一些小动作，比如有的人会紧张地做一些下意识不礼貌的动作，什么抠指甲、抖腿之类的，并且他非常注意自己的眼神。其实一个人的眼神很难欺骗别人，也很容易出卖自己。那些面试的考官都是有经验的人，会各方面地考察一个人，最后才做出决定。当学弟面试时，除了他对答如流的自然姿态之外，他坚毅的眼神也吸引了众多面试官的注意，为他加了不少分，因而成功通过了面试，并且跻身前列。

一个人的眼神能够表现出他的内心，一个人的行为举止能够凸显他礼貌与否，相比学习到的知识，这些东西往往更重要。通过眼神能够看出一个人是骄傲还是谦虚，能够看出他的心情和没有说出的话语，能够感受到他内在的气场，同样也能够看出一个人有没有远大理想。一个两眼放光的人，可以给身边的人带来更多的正能量；而目光呆滞的人，显然会让周围变得死气沉沉。许多人可能会想：眼神就这么邪乎？事实上，科学研究表明，人的很多情绪和内心感想都会通过眼神不自觉地展示出来，从某种程度来说，这是人的自我表达。因此，要抓住别人的眼神，从眼神中看到一些行为没有表现出来的东西。

在与人交往中，你的真诚与否能够很容易地通过眼神判断出来。因此在与别人进行交流的时候，一定要凝视着对方，缥缈的眼神、左顾右盼的眼神都会为自己大打折扣，这些小细节都会出卖自己，让自己显得不真诚，抑或是紧张心虚。一个懂得交往的人，能够在任何时候给别人难忘的眼神交流，能够让别人顿时感觉到不一样的气场。

因此，学会通过眼神表达更加真实的自己是一件重要的事。学会在与人交流时的一些小细节，也是一件非常有用的事。有时候很可能就是这些看似不起眼的小细节，帮助我们取得了意想不到的成功。

与人交谈，我们应该注意什么

首先，在与别人进行交谈的时候，需要给别人足够的尊重。不管是急促的交谈还是时间充裕的长谈，都应该让别人感觉到我们在认真听，这是对说话人的一种基本的尊重。假如领导在上面开会讲话或布置任务，你在下面走神或者玩手机而不认真听讲，这不仅是对领导和其他同事的不尊重，也是对自己的不负责任，对工作的不负责任。也许会后你根本不知道自己该做什么工作，虽然你觉得可以问一下别人，但是如果你在领导讲话时就认真听讲，那么一切后续的麻烦也都能避免掉。细心听讲的人远比那些不在意的人升职空间更大，很多时候他们并没有做更多事情，只是将该做的事做好。

其次，在与别人交谈的时候不要打断别人，这同样也是对别人的尊重。如果在别人讲到很关键的时候，你的打断很可能会让别人忘记自己正在讲述的东西，也很容易让交谈的话题产生偏移，这样就会很耽误时间和精力，以至于最后可能什么都没有讨论出来。在与人交往的时候注意好这些细节，往往能够为我们节省更多时间和精力，提高我们的效率。

再次，在与别人进行交谈的时候，我们需要及时地予以回应，这同样是认真听讲的一种表现。与别人交谈并且进行积极地回应，能够促进双方思想的迅速碰撞，能够使得交谈的效果变得更好。

最后，交谈中不要抢话，不要总想自己多说，要给别人说话的机会与时间。现在我们常见的无领导小组讨论，已经成为众多公司面试的方式之一。在无领导小组面试过程中，虽然那些话多的人显得活跃积极，但并不是所有考官都喜欢这些话多的人。

记得在我第一次找工作参加无领导小组面试的时候，考官还没有讲完规则，一个和我一起面试的人就迫不及待地插了一句话说："我知道，就是没有领导，让我们自己讨论。"当时考官就差点吼起来了："你是考官还是我是考官！"那个人则低下头，显得有些尴尬，最后也确实没有被录用。而在讨论过程中，小组里有一个人话并不多，但是他的个人见解却让我们很是惊讶，能够从中感觉到他真的认真听了别人的讲话，并融合了自己的思考。后来他成功被录用，并成为公司第一次晋升的人，虽然看着他平时比较沉默，但是他的言语真的一句更比几句强。

人与人之间的交流会产生很多问题，每个人可能对自己的行为并不多么注意，但是对别人的无意行为却注意得很清楚。也就是说，在说别人不注意听我们讲话的同时，我们也需要反思自己在与别人交谈的时候有没有尊重别人；在讨厌别人打断我们说话的时候，我们也需要反思一下自己有没有在交谈中打断别人的谈话。很多时候，尊重是相互的，但是我们只是更加注重让别人尊重我们，而不在意我们是否尊重了别人，这是很大的问题。

孔子说"己所不欲，勿施于人"，知道了谈话中需要注意的问题，我们更应该严格要求自己，因为自己稍不留意很可能就会让别人讨厌我们，这会很影响我们与别人的交往。

CHAPTER 5

第五章

言行低调，学会维护人际关系

不张扬自己的优势

　　学会低调，是一个人成熟的表现。低调不代表沉默，不代表一言不发，而是一种恰如其分的自我克制。低调代表着一种智慧，一种不张扬自己的优势的智慧，既是对别人的肯定，也是对自己的肯定。有句话叫"树大招风"，一棵树如果长得太高大，那么是很容易招来风的，而一个人如果过于张扬自己的优势，也很容易引来非议。不管是古代还是现代，因为过于张扬自己的优势，而引发一系列问题的也不在少数。

　　看过《三国演义》的人都知道杨修，因为他太聪明又过于张扬，引起了曹操的不满，最后死于曹操之手。相比较而言，司马懿则显得低调很多，所以躲过了曹操的毒手，因而才有机会成功地窃取到曹魏政权的果实。杨修是一个聪明的人，也有一定的计策谋略，但是他的很多行为太张扬，就像曹操写"一盒酥"，杨修径自把酥分给众人，并说"一人一口酥"。曹操本来也是一个爱惜人才的人，如果杨修只有一次两次这样表现自己，或许真的可以得到曹操由衷的赞赏，但是由于他频频猜透曹操的心思，又过于高调，最终引来了杀身之祸。

　　某公司有两个员工，一个叫小何，一个叫小曾。小何是一个心直口快的人，也是一个比较高调的人，经常张扬自己的优势，说自己会这会那，比如说自己曾经学过吉他、学过二胡，曾经写作获过奖、发表过文章等。而小曾则与他相反，为人很低调，很多东西都不会故意高调地表现出来。

年会将至，公司需要员工表演节目。在众人的期盼之中，小何报了一个吉他节目，小曾则报了一个唱歌的节目。在年会表演的时候，小何因为紧张导致自己出现许多错误，引起很多人笑话，而小曾第一句唱出来就引起了众人的欢呼尖叫。后来才知道，小曾妈妈是专门学音乐的，自己也接触过正式但是有些短暂的音乐教育，除此之外，还学过一些乐器，并且参加过一些比赛，拿过一些奖项。年会后，大家一致性倾向于小曾，小曾顿时成为公司的明星。而小何则被公司的人开玩笑："你这么厉害，不然唱个歌？"

其实小何自己说的也确实是真的，他确实学过吉他和二胡，并且写作获过奖，但是小何太看重这些优势，并且过于张扬自己的优势，就使得很多东西显得有些夸张。这也是为什么在小何表演中出现问题时，显得更难被谅解。

在日常工作中，经常会有类似的事情发生。有的人接的项目可能会完成得很好、很迅速，他会不由自主地传达出自己的优势，以表示自己的厉害，本来想着得到别人的赞赏或者提拔晋升，但是很多时候事情未如人愿。这样的人并不被领导和同事看好，因为他们得到一点进步，有一点优势就过分地宣扬自己，很难给人踏实感。这样的人，领导是不敢重用的。

过于宣扬自己的优势，有时候会引起别人的嫉妒。比如杨修，就是因为过分地宣扬自己的聪明才智，才使得自己招来杀身之祸。过分宣扬自己的优势，虽然会表现出个人的优秀，但是你要知道人都有一种劣性心理：不希望别人过得比自己好。所以，当你过于宣扬自己的优势时，虽然一方面可以让别人更加牢记自己，但是另一方面也会莫名其妙地招来更多"敌人"，甚至有时候你自己都不知道是什么原因。

过于宣扬自己的优势，会让别人无形之中对自己增加要求。一旦自己出现某些不该出现的错误，就会被人加以严厉批评，就像小何犯了错误而被众人嘲笑，与他过分宣扬自己有一定关系。因为他的自我宣扬，使得很多人对他的期待比较高，一旦他出现错误，就会更难以被谅解。

过于宣扬自己的优势，还会给自己增加许多麻烦。之前公司有一个人，有意识无意识地表现自己会设计，后来，公司的简单设计都找她来做。刚开始也是一件好事，久而久之，这个同事就开始抱怨自己每天好忙，不是专业的设计，却要接这么多设计的工作。所以，一味地宣扬自己的优势，会带来许多想不到的问题。

因此，人际交往中，不要一味地展示出自己所有的优势，低调而又留一手，往往在紧急时候我们的优势能够帮助我们更迅速地从不利环境中走出来。

不恃才傲物

在现实中,我们经常会遇见一些自恃才华而目中无人的人,这样的人其实是很不受待见的,因为他们总是觉得自己高人一等,处处显得很高傲。这样的人经常会仗着自己的天资或才华,对别人加以嘲笑,自认为高人一等让他们不能静下心来踏实做事。虽然,我不否认那些有才华的人确实很厉害,但是如果倚仗着自己的才华,而对别人的努力予以否认或者嘲笑,就是很不尊重人的行为,毕竟我们都是平等的,没有谁高谁一等。我们都喜欢和那些平易近人的人交朋友。

中国有句古话叫做"一山更比一山高""山外有山,人外有人",自恃才华而目中无人,很多时候只会让自己变得难堪,引起一些不必要的嘲笑。真正有能力的人是不会过度宣扬自己的,也不会自恃才华就自认为高人一等,只有那些小有才华而又虚荣的人才会这样。

某公司新入职一个员工,叫小孙。小孙是上海名牌学校毕业的大学生,因为找工作不顺利,最后就到了这个不是太知名的公司就职。对小孙来说,这个公司真是太菜了,根本不能实现自己的人生抱负，于是他就有点看不起这个公司，有种大材小用的不屑。公司里很多员工都是一些专科或者普通二本毕业的，他们也认为小孙这个名牌大学毕业的挺有才华，但是公司的老板却并不觉得小孙有什么过人之处，因为没有合适的机会，也就没有对小孙进行什么说教。

平日里小孙做工作总是漫不经心，觉得自己这么优秀，随便弄弄就可以了，才不需要像那些普通大学毕业的人一样。他总觉得自己能够轻松做好很多事，甚至不把上级放在眼里。恰好正值放假，公司需要去各个学校进行招聘，老板便把员工分配到不同的地区、不同的学校开展工作，小孙也自告奋勇地说要带队，负责整个小团队的所有事宜，老板也就顺水推舟地答应了。

两个星期后，招聘工作结束，小孙自以为会取得非凡的佳绩，但是事实证明并非如此，他所在的地区和学校只招收到20人，与小孙原本的计划相差甚远。回到公司后，才发现别的地区所招的人数都是他的十倍以上，这让小孙羞愧难当，平日里自恃才华、觉得自己大材小用，没想到真的到展现实力的时候，却只是这种结果。那些专科生、普通二本毕业的同事做出的业绩都比他好，这让他感觉到自己并没有多么优秀。

事后，公司老板找小孙谈话。小孙本来以为老板会骂自己，但是老板却语重心长地告诉他说："很多时候不要拿过去的成绩评价世人和自己，不要觉得自己优秀就可以目中无人或者觉得自己高人一等，这是骄傲的表现，更容易滋生懒惰、走下坡路。真正有能力的人都是低调的，就像成熟的麦穗是低下头的，只有那些空壳没有长有饱满果实的才是抬头挺胸的。就像清朝一样，觉得自己是天朝大国，能够自给自足，于是闭关锁国，而事实上当遇见外界的碰撞时，很快就显示出自己的脆弱。很多时候，我们不是败在别人脚下，而是败在自己的手里。"

小孙边听边思考，觉得自己过去确实是太骄傲了。老板接着说："你毕业于名牌大学，这确实是你一生的辉煌，但是你更应该对得起这个辉煌。你需要反思一下，为什么毕业后找工作不顺利，最终来到我这个公司？入职以后，是你自己抬高了自己的地位，这种太高的地位并不是真正属于你的高度，相反，这种高度只会让你摔得更惨。只有别人承认你高人一等的时候，你才真正高人一等；而真正高人一等的人从来不会觉得自己高人一等。我相信你有一定的实力，也相信你一定能够做得更好。"

那一天，老板和小孙谈了很多，好在小孙也是一个知错能改、善于反思自我的人。后来，他反思自我，认清现实，不再自恃才华，反而放低自己的位置，向更多人学习。很快，他不仅在公司得到了尊敬，也在新的招聘中取得了辉煌的成就。虽然这时候小孙真正在公司里"高人一等"了，但是他依旧保持着谦虚的态度，这让同事更加钦佩他了。不久，他涨了工资，也凭借自己的努力捍卫了自己当初自以为的才华和骄傲的资本，但是，他不再以才华和资本而目中无人了。

很多人就做不到这样：放下自己的才华，放下自己过去的骄傲，重新适应当下的生活。在当下的现实中，重新努力去获得新的尊敬。很多时候，那些有才华、有成绩的人都会自以为是，目中无人。似乎自己有才华，就能够做好所有的事一样。然而现实常常难以实现人的心愿，那些有才华的人不见得就做得好。不要觉得自己天生机智就可以不努力，或者说自觉高人一等就什么都能够做好。天道酬勤，勤奋努力的人才能够获得他应有的报酬。

多说不如多做

凡事说说都很容易，关键是能做出来，少说多做的人才能够赢得大家的信赖。

试想一下，如果你的朋友总是给你承诺，却没有什么实质行动，久而久之，一切就显得有些虚假了，你自己可能都不相信这么一个朋友了。如果在你寻求帮助的时候，你的朋友总是给你指导性的意见，告诉你应该干什么、不应该干什么，却根本不给你任何行动上的帮助，你并不会觉得有什么用。但是如果你的朋友在你寻求帮助的时候，直接帮助你做事，行动远远大于语言，那么是不是能够让你觉得更加温暖呢？

某科研机构新入职两名员工，一个叫徐浩，一个叫周昌。徐浩为人比较活泼外向，很多时候都大大咧咧，就连在做实验的时候也比较不仔细；但是周昌与他相反，不管是在为人方面，还是做实验上，他都非常谨慎细微，并且话比较少。每次在有关实验的讨论会上，徐浩总是积极发言，仿佛有一大串话特地为领导提的问题而准备。刚开始的时候，领导还以为徐浩很善于动脑子，懂得很多，真的自己动手去操作、去实践、去发现问题了。但是久而久之，领导发现徐浩很多时候说的话并不全是对的，他的数据也有很多并不是实际操作中得来的，很可能是抄袭某些书籍或者其他人的实验数据得来的，并且很多问题也只是他异想天开，并没有深入思考，或者用实验去证明。

周昌则与徐浩相反，在讨论会上，话并不是特别多，表现也不是特别突出。但是一旦当他发表言论的时候，都是比较经典以及具有建设性意见的。原来，周昌所有的意见都是通过自己动手做实验得知的，因为在做实验的过程中，会发现很多有细微差别的实验结果，虽然乍看起来对实验并没有什么特别大的影响，但是细细分析，就会发现很多时候影响实验结果的就是一些细微的因素。徐浩只知道说，却根本不知道什么样的因素影响实验结果比较大，但是周昌就能够很好地将这些因素找出来。

于是，两个人之间的差距就越来越明显。多说的徐浩只知道在做实验的时候告诉别人怎么去做，但是从来不知道其中会遇见的问题；而周昌则能够准确地把握住精髓，因为多做实验的他能够感知到实验中的每一个细节。当然，在日常生活中也是，徐浩会对很多人提很多"建设性"意见，比如实验室卫生太差、食堂伙食太差，但是他从来不采取什么实质性的行动；而周昌则相反，如果他感觉到实验室卫生差就会拿起清扫工具打扫一番，知道培养基需要营养液的时候就及时配置，而不是等到缺少了才行动。因为周昌知道，很多东西你不行动，说得再多问题还是存在，根本没有什么用。

后来，徐浩因为不适合科研所的工作而被开除，毕竟科研所不养一些不劳动且对科研所没有贡献的人。周昌则渐渐取得一些自己的成就，奠定了他在科研所的地位，后来成为很多人尊敬的研究者。

两个人的"多说"和"多做"造成了两种鲜明的结果，这让我想到一个出版社的朋友，在别人问及他一些有关出版的事宜时，他也只是说怎么做、什么事该找谁，但是在出版社里，很多事情他都只是安排，根本不去想其中的细节，这就使得在出版过程中，有时候会遇见不可知的问题，他也不管不问，只是询问别人有没有按照自己的方法去做。事实上，所有人都在按照他的方法去做，只是其中的问题他自己都不知道，这使得他根本不能服众。后来，因为很多人对他有意见，他就被调职了。

如果在现实生活中，我们也是觉得某些事就应该怎样怎样，只会动嘴，那么很可能这些事根本不会得到本质上的解决。因为每一个人都能够动动嘴皮子，但是很少有人能够真正地行动起来去解决问题，这就使得多做的意义远远要比多说的意义更加重大。不要觉得所有的事你都知道，不要以为你说的就一定是解决问题的关键。很多时候，你的行动更能够代表你内心的真诚，能够让你更受别人的青睐。

很多时候的"多说"只会招来别人的厌恶，就像很多人说的"你就只知道说，不知道做"，如果一味地说，而不去做，那么只会让别人觉得你是一个肤浅的人，根本不能通过自己的双手去解决问题。试想一下，谁会和这样的人交朋友？谁会和这样的人进行往来与合作？

不要觉得多做就吃亏，也不要觉得多说就一定能够凸显出自己，你要相信在任何时候，多做都不会让你吃亏。多做，多行动，能够让别人感受到你的真诚以及不怕吃亏的品质，进而愿意与你合作。

用商量的语气跟人交流

许多人在与人沟通时,明明自己说的是对的,抑或是占据道理的,却无法让人接受自己的说法,很多时候,就是因为不懂得用商量的语气与人沟通。

有些人可能觉得这些并不是特别重要的事情,但是用商量的语气和别人沟通,很多时候是更容易为人所接受的。试想一下,如果一个人用强硬的态度和你说一些大道理,你会听吗?我们都不想被别人强制性地传达出某些观点或是道理。因此,我们不应该用强硬的态度去告诉别人应该怎么样,因为每个人都有一种逆反心理,越在别人强制性要求的时候,他很可能越不会言听计从,对你所说的话也就越不在意。不管你是什么身份,对谁说什么道理,如果采取的态度不对,那么对方都不能心平气和地领略你的道理以及你想要表达的看法。

张梅在一个建筑公司担任经理秘书,该公司是成立不久的一个新公司。在工作上,张梅本身并不是学习建筑专业的,但是她比较吃苦耐劳,愿意努力学习。而老板的脾气并不是特别好,很多时候布置给张梅的任务都比较难以完成,时间比较紧张,任务量比较大，这使得张梅很是苦恼。但是没办法，她是经理秘书，也属于办公室人员，对于这些任务只有尽力去做。虽然她也竭尽所能，但是很多时候她还是很难完成任务，对此老板并不买账，而是只看重结果，一旦张梅完成的结果有什么不如意的地方，就会吵骂张梅"不用脑子，不用心去做，不肯花费时间，不把公司的事当事"。

张梅对这样的情况也见怪不怪了，很多时候，她都要在办公室加班加点，以前还有周末可以休息，现在也没有周末了，加班不说，工资还一点都没有涨。久而久之，张梅觉得自己很委屈，在她眼里，老板从来不多想自己的情况，虽然她学历有限，但是她愿意花时间去学习、去努力。而很多时候老板需要的资料和文件都在她能力范围之外，是花很多时间都不一定可以做好的，但是老板又只看结果，认为自己不用心，这让张梅过得很累，最终决心要辞职。

与张梅的情况截然相反，刘鹏在一家设计公司上班，老板是一个和他年纪相仿的人，他们公司氛围非常融洽。比如开会，老板根本不会强制性地说些什么，反而会尽可能发散思维，用商量的口吻问大家："这个大家觉得怎么样？你们觉得合适吗？"有时候，这个老板不太像一个老板的样子，但是他的为人处世真的是笼络了全公司上下人的心，员工们都对老板称赞不已，于是在工作中，自然也肯卖力，愿意付出更多。刘鹏说，虽然公司目前工资也不是特别高，但是和同事们相处，以及在这个公司工作都会觉得特别轻松，一点压力都没有。因为他们之间的交往都会充分尊重对方，用"你觉得怎么样""这样可以吗""这样会不会影响到你"等商量的语气进行交谈，使得相互之间更加默契。

一个人工作，不是把自己卖给别人了，就算是最底层的劳动者，也有自己的尊严，也应该得到别人的尊重。如果一个人不能用商量的口吻与别人进行交流，那么这样的人也不适合与之交心，不管是朋友还是老板，都是如此。不能因为地位高而变得自负，不能因为地位差别，就觉得可以对别人用命令口吻，就算是好朋友、亲人之间，也不应该以命令式的口吻去要求他人一定要怎样。

用商量的口吻与别人进行交谈，才能在平等的基础之上进行双方的意见交流，有什么道理或事情才能更好地商量。没有谁喜欢别人对自己用强硬的态度，也没有谁想对别人言听计从。用商量的口吻才能表现出彼此的尊重和真诚，沟通才会有效。

在社交中，不要因为某些优势因素而对别人太强势，也不要因为自己在金钱、权势、地位上的优越就用不容置疑的口吻与人沟通。孟子说过"富贵不能淫，贫贱不能移，威武不能屈"，能够与别人进行平等对话的人，才能引人赞扬和追随。

背后说坏话，朋友变敌人

正直的人都知道不应该在背后说别人的坏话，因为背后说人坏话，就算是再好的友谊，也会出现裂痕。背后说别人的坏话，这是很不厚道也很影响感情的事情。朋友之间虽然有时候会有利益冲突，但是不管涉及什么样的利益，都不能在背后说对方的坏话，因为这往往是一个没有道德修养的人的表现。

不要觉得背后评论某些人，就只是简单地说说罢了，很多时候，就是这么简单地说说会让你吃很多亏，丢失很多东西。千万不能受别人影响，从而跟随别人讲了自己朋友或是其他人的坏话，这很容易树敌，也很容易受别人嫌弃。背后说人坏话的人，会被当做阴险狡诈的小人。

许砚和一个朋友程欢一起合作开公司，做有关司仪方面的培训和输出。两个人大学专业都是学的播音，也比较有共同的爱好和追求，因缘巧合就在一起合作，久而久之，互相之间也就成为朋友了。他们还准备一起继续合作发展，争取把公司开到大城市，并且买房子。然而，两个人的公司并没有开得太久，就遇到了一些问题。

原来，在司仪圈里传出了许砚曾经不诚实守信的流言。其实，许砚并没有不诚实守信，当时是一个客户和许砚约好了时间，但是由于许砚临时有事不能参加那场活动，就赶忙找了另外一个大学同学代替自己去主持婚礼。许砚为此对客户道过好几次歉，并且按照合同赔偿了一定的违约金，虽然客户也有些无奈和不满意，但这毕竟属于临时突发情况，没有谁能够预测，加之看到许砚的诚恳态度，也就没有过分追究责任。许砚当时并没有把这当成什么事，毕竟这种情况也是常见的，自己也并不是有意毁约。但是，程欢却对此次事件耿耿于怀，因为当时许砚并没有找他，他觉得许砚是将生意故意推给别人，而不留给公司，不留给自己。事实上，许砚考虑过程欢，但是由于事发紧急，加上程欢当时也有其他事，不能及时赶到，许砚就没有问程欢，直接找了自己的一个朋友，而且那次司仪本来也是大学同学推荐的，不算是公司的单子。

但是程欢对此并不知情，只是妄加揣测，觉得许砚是对自己、对公司有意见，心存私心。看到许砚也不和自己解释，更加觉得这件事有蹊跷，于是内心恨不过，就在司仪圈说许砚违约。但是他怎么都没有想到就是这么背后一说，对他们产生了巨大的影响。

开始的时候，许砚怎么都没有想到会是程欢说自己违约，说自己不诚实守信。因为许砚一直拿程欢当做好朋友，两人还在想着怎样把公司越办越好。当得知是程欢说自己不诚实的时候，许砚心都凉了，于是找到程欢问他到底怎么回事，程欢也没有解释什么，直接说了句"我说的是事实啊"。许砚实在气不过，最后两个人不欢而散，公司的资产也按照当时两个人的投资各自分红结束。司仪圈传出两个人公司倒闭的信息，慢慢地，大家也都知道了是什么情况，觉得程欢不是个厚道的人，背地说人坏话，对程欢非常嗤之以鼻。程欢也从来没有意识到竟然会产生这么严重的后果，虽然很后悔，但是已经没有什么用了，他必须为自己的行为承担相应的责任，谁都不能帮他。

许砚说，这件事对自己的影响也是很大的，单就公司而言就是一个很严重的损失，因为当时公司蒸蒸日上，不出意外三年就能成为当地知名品牌。但是许砚又说，自己不后悔，好在早早地知道了程欢的为人，不然以后在公司也会出现其他情况的。

许砚说得很对，因为一个喜欢背后说人坏话的人，就算现在不会做出什么不好的事，也不代表以后就不会做。很多时候，一个人值不值得深交，从是否背地说人坏话就能得知。正直的人从来不会在背地说人坏话，甚至不会评论别人。有这么一句话"背后莫议人非"，也就是说在背地里不要评论别人的不是，就算别人真的有什么不合适的地方，我们也不应该对其进行评论，这既是对别人的尊重，更是对自己的尊重。试想一下，当别人在你面前评论其他人的不好时，你是什么感受？你能保证他不在别人面前评论你的不好吗？

很多时候友情就是在这种情况下终止的，就算是最好的朋友之间，有时候也难免会出现这样的情况。所以，我们应该尽量避免成为这样的人，以免影响我们与别人的正常交往。就像我们愿意和正直诚实的人做朋友，其他人也一样。假如你是一个背后喜欢说人短的人，谁敢和你做朋友？谁敢和你交心？谁敢与你合作做生意？因此，我们一定要注意这个问题，唯有如此，才能与人有更好的交往。

CHAPTER 6

第六章

善用形象魅力的『圈粉』技巧

笑容——打开社交之门的钥匙

很多时候，一些小动作能够反映出一个人真实的内心状态，因此，了解一些微表情知识，对社交还是有很大用途的。人与人之间交往的时候，第一眼就是看见对方的外貌、穿着及面部表情，因此需要重点注意这些。

笑容是最能引起我们关注的。善意的微笑能够让我们感觉到轻松，并且产生相应的回应。诗经中有句诗是"投我以桃，报之以李"，在我们与别人交往的时候，如果别人给我们以真诚、善意、甜美的微笑，我们肯定会觉得十分开心，并回之以相应的善意的笑。同样，假如我们给别人善意的笑，也一定能够温暖别人，从而得到别人温暖善意的回应。相反地，如果我们在交往中展示的是不善意的笑，往往会影响与别人的关系和感情，因为不善意的笑往往令我们不寒而栗、胆战心惊，得不到安全感和欢喜之情。

我们在商场或饭店都会看到面带笑容的服务员，微笑具有亲和力，能够拉近与顾客之间的距离，让顾客感觉到亲近，也就无形中促进了消费。没有任何人希望自己去的店面里的服务员绷着脸说话，这样很影响顾客的心情，会让顾客觉得很压抑，一旦心情不好，就不会心甘情愿地进行消费。列车员或是空乘员面带微笑，也是这个道理。

笑容是最容易引起人们注意的，也是最容易展示出人们的内心的。真诚而发自内心的微笑才是最值得提倡的，就像婴儿一样，婴儿的笑是不加任何修饰的，能够让我们感受到最原始的力量，而这种微笑的力量最能够让我们感动。与人交往也是一样，发自内心的笑容能够最大程度地传达出我们的善意。

同时，真诚的笑容是最能够感染别人的。真诚的笑容不仅能够影响我们自己的心情，也会间接地影响别人的心情。有科学家研究过，如果一个心情好的人和心情不好的人聊天，心情好的人面带笑容，而心情不好的人绷着脸，在交谈过程中，心情好的人的笑容会慢慢影响心情不好的人。

此前听过一个在商场做销售员的姐姐说起自己工作的经历。她在商场卖衣服，有时候会遇见意外情况，比如，顾客自己不清楚店面打折的情况而导致没有买到优惠的衣服，有时候顾客误以为衣服出现质量问题等。其实很多时候，有些问题都是顾客自己的原因导致的，但是姐姐还是面带微笑予以解答。她说："虽然是顾客的问题，但是如果不以温柔的态度进行解释，经常会出现意想不到的问题。"

有一次，她的一个同事因为心情不好，加之对顾客讲了三五遍还是没有讲通，这个同事就有些不耐烦了，于是下意识地喊了一下,这就让顾客更加恼火了。本来只是一个小问题,如果双方能够好好交流是能够解决的,但就是因为这个同事的一声喊,顾客很不满意。最后找到了店长,结果姐姐的同事不仅给顾客道了歉,而且还差一点因此丢了工作。

作为销售员或服务员,在工作中会遇见很多顾客,但是不管遇到什么样的问题,只要一直面带笑容,顾客都会理解的。很多时候询问问题的顾客都是心带怒气的,如果销售员不能处理好,很容易引起更大的矛盾,以上姐姐的同事就是最明显的例子。

刘梅大学时学的护理专业,现在在医院工作。她经常说,在医院工作更需要微笑,一方面微笑能够更好地与别人进行交流,另一方面微笑能够改变一个人的心情。因为去医院的人心情都比较沉重,护士和医生的微笑更能缓解病人的压力,甚至能够改变病人的心情,使之积极向上。而也有研究表明,微笑能够缓解我们的痛苦和难受,能让我们产生更多有利于身体的激素,并且能够在无形之中影响身边的人。这对交往是很有帮助的,也是不可或缺的。因此,对待病人要有耐心,更要有爱心,以微笑待之。

刘梅说,每一个护士在微笑的时候不仅能够缓解自己的劳累,也能让别人变得放松。她说她最喜欢看到病人的微笑,因为对护士和医生来说,病人的健康得到改善是最大的心愿。她还说,她发现那些喜欢微笑的病人往往有更多的人来看望他,并且喜欢微笑的人更能与周围的陌生人交朋友,受到周围的人的欢迎。

试想一下,谁喜欢和一个整天愁眉苦脸的人交朋友?消极的情绪容易传染,而积极的情绪同样也会传染给周围的人。做一个喜欢微笑的人,更能够提高我们抗压的能力,对我们的人际关系有着非常好的积极作用。不要觉得只是简单的微笑,没什么值得在意的,往往就是这样看似不重要的微笑更能够为我们带来意想不到的结局。

不管是与初次见面的人交谈还是与很好的朋友交谈,面带微笑都能够让你们之间的交往显得更加轻松难忘,而且对你们之间的感情也有很大的促进作用。如果此前没有试过,不妨下次试试,然后感受其中带来的改变。

手的动作——传递社交潜在信息

现代交往中,有许多值得我们注意的交往礼仪,比如最为常见的礼仪方式——握手。很多人都知道握手这个礼仪,但是不见得能够对这个动作有特别的注意。很多时候,两个人初次见面都会握手,借此传达出自己对对方的善意和尊重,传达出自己的真诚态度。除此之外,手还会通过其他动作传达出更多的社交信息,如果能够把握住这些具有细节性的信息，通过自己的观察，并对对方的一些动作采取相应的回应，往往能够更快促进相互之间的信任和感情，让你在社交中处于优势地位。不要觉得这只是一些细节，就是这样的细节往往传递着表面所没有言说的潜在信息。

比如握手，在与别人握手的时候，不同的握手姿势能够反映出不同人的心态。有的人喜欢采用控制性的握手，这样的人可能更喜欢控制别人，如果你感受到这样的握手，而又不想受人控制，那么你就需要告诫自己与他交往的时候要注意了。相反，如果你是采取这种握手方式的人，那么你就可以通过对方握手中的回应来判断能否控制对方。尤其是在谈生意时，这些细节是非常重要的，甚至会影响到合同交易。如果双方握手都比较平和，那么就说明彼此更容易相处得来，更可能做彼此真诚的朋友。

通过握手得到社交的信息，使我们掌握对方的"第一手资料"，对后续我们的行动肯定是非常有用的，毕竟先了解对方，更加具有主动权。然后，根据传递出的信息做出进一步回应，也会显得我们具有先见之明。

当然，两人之间握手，谁先伸手也是我们需要注意的问题。在公共场合，握手时伸手的先后次序主要取决于职位、身份；而在社交、休闲场合，则主要取决于年龄、性别、婚否。

根据礼仪规范，握手时双方伸手的先后次序，应由位尊者、年长者、女士首先伸出手来。位卑者、年幼者、男士只能在此后予以回应，而决不可贸然抢先伸手，不然就是违反礼仪的举动。

如果我们不能正确认识这个问题，很可能会被别人嘲笑，或是引起对方的排斥和反感。记得以前有个做保险推销的朋友和我说，在与客户初次见面的时候是不能过于主动的，因为很多人对推销比较反感，当推销人员再主动要求握手的时候很可能会引起顾客更进一步的反感，导致后续的交谈更加困难。

正确把握握手时对方的反应，能够帮助我们采取下一步的举措。在一定程度上来说，握手是我们了解彼此的第一步，尤其是和新朋友交往时。从简单的握手中可以了解对方更多的信息，也可以通过握手传达出更多自己的信息，是彼此了解的重要方式和途径。虽然只是简单的握手，看起来像两个人的手彼此碰了一下，但是背后隐含着很多信息，很多时候都决定了双方能否再进一步继续交流。善于抓住各种信息的人，必然能够得到更多人的尊敬，也一定会有更为广阔的人脉。

除去握手之外，很多时候一个人的手做的动作，也能够反映出他的心理。像我一个在银行工作的朋友说道："细心留意那些在银行办理业务的人的手，就能知道他们可能会办理什么业务，以及个人财富的情况。"后来，我坐在银行大厅的椅子上观察那些在柜台办理业务的人，果然如朋友所说，个人财富的多少以及个人对财富的期盼程度都能通过他的手表现出来：有钱的人往往可能更加着急办理业务，但是对拿钱却并不在意；而没有钱的则与之相反，对业务的办理很多时候表现得并不是特别着急，对钱的反应却比较强烈。

其实这种情况不仅在银行中可以见到，如果细细留心，在饭店、商场等场合，都能够通过手的动作看出人的心理。假如你是在商场工作的人，你就可以通过顾客手的动作来判断他是否有意购买，根据你对他的判断，而说出不同的话。同样，在社交场所中，观察别人的手的动作也是非常有用的，有时候别人的手可能显得更具有防御性，那么你就不能过于热情；有时候能够透露出别人显得过于冷漠，那么就注定需要你更多地主动。通过别人的手，正确把握别人的心理，往往能够帮助我们更快速地与别人成为朋友，使得自己在社交上更具魅力和吸引力。因为了解之后，才能投其所好，尤其是与"贵人"交往的时候更应如此，抓住各种信息，并且迅速给予回应，往往这些贵人或者新认识的朋友都会成为我们日后深交的朋友。

很多人可能并不觉得握手以及手的其他动作有什么用，但是懂得交往的人都知道在第一时间就占据主动。其实这也不是特别难的事，很多时候只需要我们在刚开始与人交往的时候注意一下握手的情况。这样的人在交往中会更加具有主动性，使得自己在交往中占据主动。

握手是两个人肢体上的第一次接触，和笑容一样，肢体上的接触同样无比重要。得体的握手能传递出我们的良好修养，给对方一个良好的第一印象，为进一步的交往打下基础。此外，留意对方握手所传递的潜在信息，也对我们极为有用。

着装得体——让人眼前一亮

不同的人有着不同的穿衣风格，而在不同场合需要穿不同风格的衣服，唯有如此才能展现出我们的个人风采。衣服和服饰是我们每个人外在的直接体现，和微笑动作一样，成为我们外表形象的重要组成部分。在正确的场合穿正确的衣服，往往能够为我们加分。

在工作期间，我们需要穿着干净利索的工作服，唯有如此，在工作的时候才能显得落落大方，假如在工作中穿睡衣，那就很不合适了。相反，如果在家还穿工作服，也是不合适的。当然，这些只是极端的例子，在日常生活中有很多关于穿衣服不太搭的事例，依旧拿工作服来说：

某政府部门有一个新来的办公室助理，入职第一天他穿着篮球服上班，给大家的第一印象很是不好。原来这个新来的助理昨晚和朋友打球到很晚，直接在朋友那儿睡了，第二天早上上班匆忙，就没有换衣服。办公室领导告诉他说，作为办公室人员必须要注意着装，当天下午，这个新来的助理就回去换了一套正装，当他再次来到办公室的时候，同事们都惊呆了，穿西装的助理显得精神帅气，得到同事的一致好评。

一套衣服真的能够展现出一个人的精神，穿得合适能够给人严谨、精明、干练的感觉，但是如果穿得不合时宜会让人觉得邋遢、松散。不要觉得着装不重要，很多时候着装影响着周围人的心情和潜意识，能给别人留下深刻的印象。

"人靠衣服马靠鞍"真的不是假话，一匹好马如果没有好的马鞍，很多时候不会显示出千里马的与众不同，一个人的精神状态也能够靠衣服展现出来，恰当适宜的衣服更能为一个人的外表加分。我们都知道明星是最在意衣服装饰的，因为他们经常会出席各种场合，只要仔细观察我们就能发现，他们出席这些场合穿的衣服各有特色，但是不管是谁，他的装饰都一定能够凸显出自己的特色，而且符合场合的特定要求。比如，正规场合可能会着装端正，而在一些非正式场合，他们的装束就会更加休闲，但是不管是哪一种，他们肯定不会乱穿衣服。因为穿错衣服，很容易被大众嘲笑，不管是明星还是其他人都一样。如果不对穿衣有足够的重视，很多时候很容易闹出笑话。

有的工作对着装有严格要求，比如乘务员、秘书等，因为他们不仅仅是给自己看，更多地是给别人看。而有的工作似乎对着装要求没有那么高，比如某些工作室进行设计或者创作的职业，他们可能更倾向于自由散漫的状态，当然这些着装都是和工作相适宜的，不管是什么着装，一定都有着它本来内在的目的。选择恰当的着装，更能显示出我们社交的能力。

很多人会说上学的时候，学校都是发校服，很多人都穿着同样的衣服，根本没有自己的特色，怎么到社会上、工作中就这么多要求了？这也正反映出我们在经历着变化和挑战，不管是哪方面，我们都在变得更加成熟，就算是那些在上大学的学生，也都会意识到穿衣的重要性，参加一些演讲或者答辩，需要穿正装；参加一些班级活动或者旅游，就要穿休闲些。得体的着装能够让我们显着更加精神，让人眼前一亮。

大学时一个同班女孩，由于家庭条件不太好，上学期间没有怎么打扮自己，相比其他精心打扮的女生，她更加显得天然无雕饰。那时候并没觉得她有什么过人之处，只是感觉她比较朴素美。但是毕业三年之后再见到她，就完全不一样了，她换了一身衣装，再加上个人的打扮，让我不敢相信是我当年认识的那个同学，班里同学也开玩笑说："当年我们还说谁追她谁没眼光，现在看来谁不追她谁没眼光。"

有时候，我们只是换了一身着装，就显示出不同的状态，以至于别人对我们的态度也发生了变化。很多人可能觉得不过是一身着装罢了，不必那么在意。但是，不同的着装展现了不一样的我们，我们穿的衣服的颜色、样式、风格等都直接或间接地反映了我们自身的喜好和特点。而不同的工作人员，也需要有不同的着装，就像厨师戴白色高帽子，既干净卫生，又显得利落；医生、护士穿着白色工作服，会让我们觉得整洁和心情舒畅；军人穿着军装，就显得威严，具有威慑力。

不同场合的不同着装，往往能最大限度展现我们的想法，传达出我们对某些活动、某些场合、某些人的尊重和重视，这是双方相互之间的尊重。不管是结合工作职位，还是个人身份，抑或是特定的时间、场合以及个人风格，我们都要时刻注意自己的着装，千万不要忽视着装的重要性，这才有利于我们的形象建立。

注意行走站立——得体优雅地社交

俗话说"站如松,坐如钟,行如风",很多时候我们的行走站立都体现着个人修养,虽然看起来都是小事情,但是事实上正是这些小事情能够充分让我们在社交中占有主动地位,因为一言一行,皆可以体现出我们的内在性格。

比如说行走,有的人可能走得很快,即使没有什么要紧的事,也会下意识地迅速行走,这样的人做事肯定也雷厉风行,也可能会有些急躁;有的人可能走得比较慢,这样的人就会性子比较慢,更倾向于享受生活,在遇到困难的时候可能更加淡定安静;有的人走路更加矫健,有的人走路可能就有些软弱无力……不同的人走起路来,总是会受个人性格和内心的影响,从而有意无意地展现出自己的性格,所以,我们第一次与别人交往的时候,也要注意这样的细节。

如果我们能够在社交中抓住这样的细节,于我们而言,必然是占据了主动权,能够让我们在社交上具有更多的魅力。反过来观察自己,我们是不是也在这些小细节上将自己的一些弱点暴露出来了？如果是，就需要反思如何改正这些缺点，因为得体的行走姿势往往更能让别人增加对我们的好感，不得体的行走姿势会让别人对我们的印象大打折扣。

同样，站姿也一样能反映出我们的某些心理细节。有的人站着的时候会抖腿，这样显得很不端庄很不礼貌，会让人很是厌恶；有的人站着的时候目光会四处观看，这种人则更显得偷偷摸摸、心术不正，往往也不值得与之交往，毕竟我们更倾向于遇见正直坦率的人；如果一个人在站着的时候显得挺拔自信，那么他是很具有魄力的，与这样的人进行交往是绝对可以的。也就是说，把握住对方的站姿，同样能够让我们了解对方的内心世界。当然，我们也需要对自己多加注意，自己站着的时候，也要自信而不卑不亢，眼神要盯着正前方，这些细节都能散发出我们内在的魄力，让我们显得更有魅力。

曹操虽为一代枭雄，但他觉得自己长相丑陋，不好意思接见外来使者，于是就找一个文弱书生来冒充自己，自己则佩刀站在这个书生旁边，假装一个侍卫。后来等到使者走的时候，曹操派人询问使者对"自己"的看法，使者说："曹操不过眉目清秀，站在曹操旁边的那个侍卫才是真正的英雄。"曹操听后，便派人追杀该使者，因为使者太聪明，善于观察人，识破了自己。

这也表明，一个人站在那儿往往就能够体现一个人的气场，一个人的性格往往是可以通过站姿展现出来的。由此可见，一个人的站姿是多么重要。有的人可能觉得站姿不过是一个人的正常表现，没什么可在意的。但往往就是这样的正常表现，更让我们不知不觉中将自己暴露无遗。所以，我们既要注意别人的行走站姿，也要注意自己的行走站姿，因为别人也会一样观察我们的肢体语言，进而决定是否与我们进行进一步的社交。

除了行走和站姿，坐姿也同样重要。暂且不说一个人在家或者某些随意场合的坐姿，如果一个人在正式场合坐姿不正确，是很容易受人嘲笑的。一个人的坐姿，能够看出他的性格可能是温柔的，也可能是大大咧咧的，抑或是古板、胆怯的。比如说，喜欢跷二郎腿的人和喜欢将两腿分开坐的人性格一定不一样。如果我们能够读懂别人的肢体语言，也就能从中得到许多内在的信息。

甲乙两个公司的经理举行合同签订仪式，本来两个公司的合作是没什么大问题的，但是合同签订前双方经理进行了谈话，之后，乙公司经理突然改变了决定。事后谈起才了解到，乙公司经理发现甲公司经理坐着的时候一点威严都没有，没有领导的样子，也显得特别随意，他说："一个公司的经理都这样，何况手下的人呢？"果不其然，后来在金融危机的时候，甲公司并没有撑下去，乙公司的同事都对经理的眼光惊叹不已。

很多时候，高手之间的较量和交往就是在这样的小细节中进行的。千万不要觉得这些没有用，真正情商高的人懂得把握住对方的一言一行，不会轻易放过别人的任何小动作。不管是行走站坐，还是言语，再或是此前说过的微笑、眼神、着装，很多时候都在反映着我们的内心世界，一方面将我们自己展现给别人，另一方面别人的内心世界也通过这些展露在我们的面前。如果我们不注意这些细节，很可能会处于被动地位，而牢记这些小细节，对我们只会有用，不会有坏处。

CHAPTER 7

第七章 正确的社交礼仪可避免无效社交

场合不同，服饰不同

我们都知道中国的服饰礼仪自古至今都颇为讲究，穿得不恰当，不仅影响形象，而且有时还会误事。不同的场合我们应该有不同的服饰要求，这也是我们作为一个成年人应该具有的起码的礼貌和讲究，穿好衣服对于好好做人、好好做事、走向最后的人生辉煌大有裨益。

二哥家的儿子即是一个反面例子，他因为穿着随意而招致人际交往的贫乏和自身的碌碌无为。有一次上学快要迟到，他着急忙慌地穿着两只反差很大的运动鞋去了学校，整整一天，他都活在别人异样的眼光里，仿佛他是一个怪异的动物。那段时间，他仿佛被世界抛弃了，心里阴云密布，总是开心不起来。

从他身上能看出服饰对于人际交往的重要性，因此我们必须留心在不同的场合如何进行服饰搭配。

不同场合穿着不同服饰，这不仅仅是呈现个人形象和审美素养，更是向别人递出自己的一张社会名片。优雅得体的服饰，彰显的是自己对与他人会面的重视和对对方无声的尊重。看似小事的服饰穿着，传递的却是我们做人、做事的内在品质。

很多人说，直到踏上大学这片土地，看到那些谈吐不凡而且服饰得体、妆容精致、气质温文尔雅的学长学姐活跃在校园各处，才发觉深深的自卑涌上心头，忽然间开始检讨自己，慢慢地明白了服饰对于我们自身成长和社会交往的重要性。服饰得体的人无论走到哪里都是一道靓丽的风景线，像花儿一般用美丽装点世界，处处给人留下不俗的印象，悄无声息地产生良好的影响。学长学姐们用服饰给大学的校园增添了生机与活力，是一道道流动的风景线，给学弟学妹们留下了良好的印象。将来他们进入社会，凭借良好的服饰审美与搭配技术，也必将成为彰显大学生文明教养最好的名片。

虽然到了大学才意识到着装的重要性已经有些迟了，但是比起进入社会来说，还不算晚。只要一个人愿意注意自己的着装，任何时候都不会显得太晚。随着逐渐地成长，我们也应该越来越注重对于外在形象的管理，穿上优雅得体、彰显自身文化气质的服饰，使自己的青春焕发出更加动人的魅力。这样展示自我的机会也会逐渐增多，开始由默默无闻、灰头土脸的模样变得自信和富有表现力。

对外在服饰的管理对个人的成长具有举足轻重的的作用，不可小视。当我们为自己的外在服饰做出改变的时候，其实也间接改变了别人对我们的印象，在社交上别人也更愿意向你敞开心扉进行真诚的交流。一个在服饰上随意的人，对别人也不会给予更多的尊重，更不会得到别人的尊重。

服饰注重场合，才能融入别人费心营造好的氛围，这是在不同场合应有的态度。我们知道，穿着奇装异服的常常是两种人，行为艺术家或用标新立异凸显自己的人，而标新立异常常换来别人异样的眼神和不自觉生成的距离感。所以，如果想要迅速融入社会，融入和谐的气氛中，就应该选择适合相应场合的服饰来装扮自己，与当下的情景融为一体，这样才能与当下需要接触的人迅速打成一片，快速完成任务。

之所以要在不同的场合穿着不同的服饰，还有一个重要的原因，那就是方便表明自己的身份地位，从而代表一个群体的利益和态度。有的场合需要我们出示明显的身份证明，服饰即有这种功能，比如开重要会议时男士着西装打领带，学校的校服、警察的警服等都是在必要场合所必须的服饰，否则就会对工作的正常运行产生阻碍，破坏正常秩序。

穿着睡衣、拖鞋到处跑的人常常是在一些落后又破败的小巷子里，正式的商场和写字楼里则是一些穿戴整齐、妆容精致的男女，从这方面足以看出不同的服饰其实充分反映了个人生活环境和由此演化出来的个人基本素质。所以，我们要注重不同场合穿不同的服饰，毕竟在除了家之外的所有场所，都不适合完全没有仪容和服饰上的修饰。

　　随着场合的变化，有时候我们的服饰不仅仅代表个人形象，还代表一个群体的整体形象和利益。因为服饰不当使得个人利益受损是小事，若是损害了其他人的利益就没有那么简单了，追究起责任来也比较复杂。也就是说，不同场合的不同服饰是对自己负责也是对他人负责，是尊重自己，也是尊重他人的体现。

　　自古以来，服饰的演进都是一部漫长的历史。历史为我们飞速运转的现代社会选择出了最适合特定情景和特定人群的服饰，这是前人的经验和历史的选择。我们将其快速运用到自身，是顺应历史选择的规律的表现，这会大大方便我们的现代生活，促进自身和社会的发展。

　　服饰文明推动社会文明，社会文明反哺于服饰文明。场合不同、服饰不同，这是我们尊重文明，也是我们自身文明最好的体现。我们穿的衣服在一定程度上代表了我们的文明水平，所以场合不同，需要认真选择自己不同的服饰搭配。

仪容仪表，社交必修课

随着个人事业的发展，我们需要更好、更有效的社交的支撑，而我们都清楚地明白一句话"这个时代是个看脸的时代"，用仪容仪表给人留下良好的印象显得更加重要。仪容仪表的注重，会使美丽的外貌变得更加有吸引力，使其貌不扬的人焕发出自己独特的气质，使长相有缺憾的人得到修饰，这对于我们日常的社交活动都大有帮助。如何修饰自己的仪容仪表，是社交的必修课之一。

化一些适合自己的妆容来适应一些常规场合的需要，就是一种必要的提升仪容仪表的重要方式。作为一个踏入社会的成年人，可以尝试一些淡妆来提升自己的外在吸引力，塑造良好的外在形象，从而遮掩自己外表上的瑕疵。在社会交往中，与人接触的机会往往比较多，通过良好的外在形象可以给别人留下美好的印象，从而促进社交活动的进一步开展，进入到了解对方的内在品质阶段，也才算是有意义的社交活动。

很多人都有这样一个误区，认为比起女人来，男人不用太注重自己的仪容仪表，这样才更有"男人味"。一个全身散发出浓浓臭味的、穿衣服具有浓浓乡土气息的男人是不会吸引到愿意与之主动接触的气质淑女的，甚至连温润有礼的同性朋友都会拒绝与他们过多接触。所以，男人作为社交场上的主力军之一，更有必要通过良好的仪容仪表来树立个人基本形象，再搭配自己不俗的学识和谈吐，才能达成良性社交。在当今这个飞速发展的时代，如何进行精准有效的社交显得日益关键，也是那些想在社会竞争中迅速占领一席之地并得到社会的认可的人应该思索的问题之一。

一家私营企业召开招聘会，进入面试阶段的一共有八个人，有个小伙子过五关斩六将，表现一直很突出，学历也符合公司的要求，面试官对他都很满意。然而，在最后一轮面试那天，所有人都穿着正装早早到达面试地点等待，只有他姗姗来迟，一脸行色匆匆的模样，穿着也很是随意，没有一点正式面试的样子。这让面试官大失所望，最后没有选择他。

后来面试官说道："从这个男生的行为足以看出他对这次面试活动的不尊重和不重视，是他自己没有完全准备好，所以是他自己放弃了这次面试机会，不是我们没有选择他。"这个男孩因为不够注重仪容仪表，失去了人生中一个宝贵的工作机会，如果他一直这样下去的话，失去的只会是更多的机会。

是的，一个连仪容仪表都如此随意的人，总是让别人怀疑他对待工作和对待他人是不是也会如此敷衍，让人产生一种不信任感，不放心对他委以重任，怕他承担不起责任，对公司发展也没有什么推动作用。在仪容仪表上不精益求精，足以让人质疑他是不是在工作上也只是拿着工资混日子，没什么上进心和求知欲。

仪容仪表对于个人形象和别人对自己的印象分都有着至关重要的作用，在我们的社交中扮演着不可小觑的角色，对我们的职业生涯也有着难以替代的作用。精致的仪容仪表代表着个人对于生活细节和与别人会面的重视，体现着对对方的尊重，所以是我们社交的一门必修课，也是我们在"社会大学"应该学习的一门通识课程。我们常说"机不可失，失不再来"，千万不要因为忽视仪容仪表而错失属于我们的机会，毕竟有的机会重要到一生只有一次，改变命运的时机也总在我们全无准备的时候到来，唯有用万全的准备去努力抓住它，才能改变命运，使自己的人生登上一个崭新的台阶。

在日常生活中，我们常常用最直接的方式迅速判断和选择一个人，就是根据那个人留给我们的第一印象，而第一印象的决定因素中就有对方的仪容仪表。学生们青春勃发的校园装扮、老年人的灰黑色系列衣服、暗色系的总裁范儿、日系的洛丽塔装扮，都在一定程度上代表着一个人的身份地位和性格特点，是一种标签，更是别人了解他们的重要途径。

古人有云"物以类聚，人以群分"，我们的仪容仪表定位常常吸引相同气质选择的同类人主动靠近，社交活动即由此无意识地展开。所以，好好穿衣打扮、主动修饰仪容仪表对于我们的社交活动非常关键。在一定程度上，仪容仪表的选择即是社交选择，在更加宽广的意义上，甚至是一种人生选择。

仪容仪表代表一种重要的社交意义，也是为了个人的社会价值所做出的必要投资，而且这种投资的价值和影响力不可小觑，回报率也极其可观，因为在同等条件下，人作为一种视觉动物，总是会优先选择那些仪容仪表更为优秀的人。

优秀的仪容仪表带给我们更多成功的可能和更大的选择范围，要想在正式的社交活动和现实的人生领域中有所建树，仪容仪表修饰必不可少。缔造成功社交的因素有很多，除了机遇之外，我们还需要强大的个人魅力来支撑，而一个人的魅力在很大程度上就依赖于仪容仪表。把仪容仪表的不断完善当成社交必修课，让我们的社交活动随仪容仪表的完善而更好地起飞。

选择适当的护肤品和化妆品

当今社会，颜值当道，更美才能拥有更强大的竞争力。颜值作为自身的硬实力，再加上自身的才华软实力，便可以构成综合竞争力，而选择适当的护肤品和化妆品则是提高自身颜值硬实力的有效途径之一，也是提高综合竞争力的有效途径之一。

素颜也极其美丽动人的国色天香毕竟只是极少数，大部分人都很有必要研究如何选择适当的护肤品和化妆品。我们都知道，电视荧屏上那些公众人物，基本上都是化好妆才出镜的，所以才能那么吸引人的眼球，无论是综艺脱口秀还是音乐表演类节目，在他们纷纷展示自己的时候，总是需要一张看起来让人轻松愉悦的脸庞来保证收视率。因为观众总是要用眼睛去观赏，而这种观赏又总是离不开一张干净得体的脸。

由此我们可以知道，选择适当的护肤品和化妆品，保证自己外在的干净美丽具有很大的现实意义，所谓"靠脸吃饭"就是这个意思。这样看来，选择适当的护肤品和化妆品来保持美丽，其实也体现了对他人的尊重，"女为悦己者容"，无论是谁看见俊男美女都会忍不住想停下来多看两眼，以示对造物者的神奇作品的喜爱和惊叹。

人的青春只有一次，随着年龄渐长，我们终将皮肤松弛、两眼无神、垂垂老去。但是在适当的护肤品和化妆品的帮助下，我们却可以延缓这一必经的衰老过程，让青春更长久地停驻在脸庞上。

花儿的意义就在于其本身的美丽，所以人们爱它、呵护它，这足以说明美丽本身就是一种意义。有的人用美丽装点世界，世界以丰厚的物质回报给他们，这其实是无可厚非的，毕竟生命的美丽本身就是给世界最好的贡献。何况"爱美之心人皆有之"，使用护肤品和化妆品来给脸庞润色、给生命润色，使自己的脸庞焕发出更加动人的光芒，成为世界上美丽的一景，这是获取事业上成功的必要手段。

在成年人的世界里，化妆和护肤开始变得越来越具有必要性。在我们出席某些重要场合时，不化妆显得不够沉稳庄重，而且在一些场合，要求我们必须带妆出现。比如，上个月表妹的公司举办舞会，要求大家必须穿晚礼服，并且化好妆按时出席，为此，她特地提前一小时设计妆容，一改以往"素颜至上，拒绝涂抹任何化妆品"的心理。在那之后，她也逐渐认识到化妆和护肤的重要性，并且开始购买化妆品和护肤品，每天学习如何化妆。

在社交过程中，人们都喜欢那些面孔精致、处事冷静的人，因为和这样的人交往，无论是工作还是生活，都是一种审美上的愉悦享受，也莫名给人一种由于对方处事精致干练而生发出来的信赖感。因此，我们都不约而同地选择了这样的人成为我们未来的伴侣、朋友或者合作伙伴。若是没有用任何护肤品或者化妆品的习惯，外在形象难免会失分，也就无端端失去了很多原本属于自己的机遇，若是无形中因为外貌上略逊一筹和疏于打理而失去了本来属于自己的转机，尤其是当这个转机是我们一直追求并向往拥有的，那会是多么可惜。

社会如此复杂和残酷，所以我们更有必要选择适当的护肤品和化妆品来给自己贴上精美的外包装，以迅速吸引目标的注意，快速有效地完成自己的任务，这才能更好地适应社会发展的需求。

我们不应该一味抱残守缺，信守那套只看重内涵而并不强调外在形象的老掉牙理论。因为时代在变化，我们要响应时代的召唤和要求。虽然中国自古主张内涵的重要性，但现在看来那种观点毕竟不够全面，他们选择性地忽略了由优秀外貌带给人的无限的增值空间。"金玉其表，不败絮其中"，这才是我们所倡导的新时代成年人正确对待内在和外在的准则，而使用正确且适合自己的护肤品和化妆品能够帮助我们实现"保值"和"增值"。护肤品和化妆品是我们获取美丽的最有时效性的途径和手段，所以我们不妨试着接受现代社会的这些准则，从而更好地适应社会的需求，完成我们的人生使命。

人生在世，每个人都不可避免受到颜值的左右。我们这个世界，毕竟是个太爱美的世界，所以需要我们迎合这种现实。为了美和自信，为了社交的有效和事业的发展，请选用适合自己的化妆品和护肤品。

特殊人群，特殊礼节

不同地域的人难免有各种不同的风俗信仰。在我们习以为常的生活之外，往往还有一些人和我们的生活习俗、文化传统大相径庭。虽然我们已经习惯了脚下的土地所赋予我们的生活方式，但是我们依然需要尊重与我们不同的人的生活方式，也许我们并不能理解他们的礼节，但理应尊重。

我们每个人都存在很大的视野上的局限性，而这种局限性常常表现为迷惑、短视和无知，因此常常笑料百出。对待特殊人群，不妨尝试暂时放下心中的疑惑，将自己置身于他们中去，用一颗包容万象的心和行为上的入乡随俗来对待他们，和他们进行友好的互动。

古语有云："泰山不让土壤，故能成其大；河海不择细流，故能成其深；王者不却其众庶，故能明其德。"我们所说的常规意义上的特殊人群，是以一种非常规的方式绽放他们自身人生意义的群体。由于差异的现实存在，要求我们用一种区别于一般人的相处方式与他们交流沟通，用特殊礼节来对待他们。比如，无论我们走到哪条马路上，总是可以见到那些特意为盲人群体开辟的盲道；坐在任何一辆公交车上，也总是可以看见那些预留给老弱病残孕人群的专座，这些都是给特殊群体的人性化设计，体现的是践行在社会生活中的特殊性礼节，是对于特殊人群无声的关照和尊重，也是我们不自觉践行的特殊性礼节。

我的叔叔上个月跟团去西藏旅行，他说当时身着华服的当地人热情洋溢，为了欢迎他们献上了当地最高礼节的哈达，同行者纷纷躬身让他们为自己披挂在肩膀上。由于常年在外漂泊，叔叔早已习惯了各族人民表达欢迎和尊敬的方式，献哈达就是藏族人民为了表达亲切友好的特殊性礼节。旅行者们尊重当地的特殊礼节，所以迅速和当地民众打成一片，但也有一些游客显得有些不合群，或许是受汉族文化的影响，使得他们并不能迅速融入其中，也就导致他们不能真正感受到藏族文化的魅力。

这足以看出，即使客观上存在时空上的差异和文化上的区别，不同人群之间只要使用一些合理的特殊礼仪，一样可以相处融洽。从另一方面我们也可以知道，身处于这个越来越开放的社会，随着我们与不同群体的交流日益密切，我们需要运用特殊礼节的机会和场合也越来越频繁，所以学习和利用特殊礼节也逐渐成为我们必备的社交技能和素质要求之一。

试想一下，当时旅游团中若有一人不尊重当地献哈达的习俗，或是因不了解而触犯当地宗教规定，那么一次本意为放松心情的旅行就怕是会多添困扰了。对于我们来说，可能那只是一个简单或者可有可无的仪式，但对于当地藏族人民来说却是自古以来的传统，具有巨大的宗教意义，在他们心里有着不可撼动的地位。

还有重要的一点就是，特殊礼节在不同的群体中可能代表的意义有差异甚至是完全相反。比如说，中国自古以来就主张"食不言，寝不语"，而在日本，用餐时不仅可以随意聊天，而且如果主人向客人提供的食物是面条的话，客人用餐时还必须发出声音，这是一种享受美味的意思，会让主人心情愉悦，也是用餐者对主人提供餐食起码的尊重，这是日本人重要的餐桌礼节之一。同时，日本还忌讳客人只吃一碗就说够了，就算是象征性的，也应该要求添饭才算是没有扫主人的兴，否则就有使主人陷入尴尬的意思，主人一般也不会再次邀请这样的客人来做客了。

"敬人者，人恒敬之；爱人者，人恒爱之"，尊重和包容都是人与人、民族与民族、国家与国家之间相互的。中国自古以来重视礼尚往来，在接待外国使者时，往往回馈以丰厚数倍的礼物，所谓"你敬我一尺，我还你一丈"。我们要想在社会交往中、在人与人之间的相处上做到互助友好、共同进步，在礼节上面就应该加强重视，如若想要追求更大的格局和更宽广的视野，就应该重视和留意不同群体之间的礼节。

注意特殊群体和与之对应的特殊礼节，是融入当地生活必备的方式和策略之一。毕竟任谁也不会乐意给一个不尊重当地风俗信仰的外来闯入者好脸色，也不会产生互相了解和接触的欲望。

尊重特殊人群的特殊礼节，包含着宗教的、民族的、信仰上的、习惯上的诸多因素，而这些因素稍不留意就可能引发个人甚至群体间的冲突，这些代价常常让我们承受不起。所以，我们需要带着对特殊人群的特殊礼节、带着对天地万物的尊崇之心，用我们的礼节知识来与特殊群体进行友好相处，求同存异，融入当地文化环境，这会使我们的视野更加开阔、见识更加丰富广博，体验到世界各地不同文化传统的神奇有趣。

随着时代的更替，中外礼节都多有演进。现今，全球通用的礼节主要有拥抱、握手、亲吻等，但也不可避免地存在不同国家、民族之间对于这些礼节接受程度的差异。这就需要我们根据不同国家、不同人群的习惯，选择适合他们的礼节来展现我们的友爱和尊崇。只有不在行动上冲撞对方，才会有接下来更多的可能性，才会存在真正意义上的国际交流与合作，才能合理避免某些不必要的矛盾冲突，促进人与人、人群与人群之间各取所需，实现双方利益的最大化。

白领女士的忌讳

白领女士作为活跃在职场风口浪尖的一批职业女性群体，代表着公司的整体形象，对公司的长足发展有着十分重大的意义。因为意义重大而衍生出来的责任重大，使她们有着一些其他职业人士所没有的忌讳。

首先，工作时必须穿着正装，忌衣着随意。

有一位姑娘刚刚大学毕业，在一家全球五百强企业当实习生，第一天上班时她没有穿正装，恰好下午赶上开会，由于时间紧张，她来不及准备正装，所以没有参与那次有众多领导出席的会议。因此，在那次会议的点名上，她被记了旷工，严重破坏了先前她在领导心目中树立的形象。实习期结束后，她没能继续留在公司。

因为没有穿着正装，那个姑娘错失了她最心仪的工作，即使她明明办事能力强、学历水平高、待人处事宽厚友好，却仍然因为处在一个竞争残酷、要求严格的职场环境下，由于自己在服饰上的一时疏忽大意而马失前蹄，错失了她一辈子可能再也难以遇到的宝贵的工作机遇，因而耽误了自己的前程。当所有人都为自己没有机会而怨愤难平的时候，这个姑娘却在机会来临的时候没能紧紧把握在手里,这才是最让我们感到惋惜的。

很多时候,我们的失败不是因为没有努力,也不是因为能力有问题,往往就是因为这样的小错误,导致了我们的失败。不要觉得这些细节无关紧要,很多时候这些就会成为我们马失前蹄的主要原因。所以,如果你未来的目标是成为一名穿行在写字楼间的高端白领人士的话,记得务必准备几套适合自己的职业正装。职场如战场,衣服有时候就像人的铠甲,不穿着可靠的装备上阵的话,难免有不战而降的意味。

职业正装是我们迈入职场,成为一名真正的社会人士所必需的物件之一,是白领人士的日常工作装束,这代表着个人对整个行业的尊重,是公司向其他同业者递出的代表公司整体面貌的社会名片。白领人士是整个公司的形象代言人,而她的衣着装束和整体气质牵涉着整个公司的集体利益,与其他同业人员密切相关。

其次,化适合自己的妆,忌素颜"出镜"。

不仅仅是对于白领女士,对于任何一个女人都是这样,一个好的妆容对于女人的修饰作用是巨大的。在有些场合,外貌上的优雅美丽对于我们起着极其重要的作用,有时候甚至是决定性的作用,而化妆则有着提升自我形象的效果,化一个精致的妆容对于提升自己的整体魅力有百利而无一害。

另一方面,女人有时难免会出现冒痘痘或者长斑点的皮肤问题,或者有的人先天皮肤较黑,有的人嘴唇天然苍白,这些都是一些客观上存在的外貌上的不足。而这些瑕疵都可以被化妆技巧遮掩住，这时候一个女人的化妆能力就可以为自己的综合竞争力加分，对于职场上的竞争和人际交往都会产生不错的改观。

爱美之心人皆有之，容貌美丽是职业女性的终极法宝之一，是提升自我价值的重要砝码，这间接决定着自己的职场晋升和工资涨幅，也间接影响着人际交往的丰富度与和谐水平。

再次，待人处事温和礼貌，切忌火爆脾气和粗鲁行为。

白领人士作为职场精英人士，在面对各种不同的群体时，都应该待人温和礼貌。毕竟对待工作中的他人不像是对待家庭中的亲人，保持应有的距离和礼仪是很有必要的。这是一个人综合素质的集中体现，有分寸的热情和亲切的礼貌，有利于公司留住潜在客户、拉拢长期人脉，为公司的长足发展添砖加瓦。

由于白领群体遇到的客户和相关人员素质各有高低、水平良莠不齐，难免会遇到一些蛮横无理的暴发户，而那些人又是作为你的客户，以你的上帝的身份出现，这时候就是考验各位白领人士的重要隘口。应拿出十二分的包容和耐心来和他们慢慢周旋，才可达到最终目的。与这种人交往，切不可用同样的粗俗对待他们，也不可被他们的暴躁情绪所感染，而是要拿出自己的容人之心，理智抉择出最恰当的处理问题的方式，才有望凯旋而归，不负众望。任何行业都难以避免这种人，白领人士在用好脾气容忍他们之外，还应该坚守自己的原则和底线，切忌脾气火爆、行为粗俗、处事冲动，以免破坏公司的形象和整体利益。

　　白领职业作为老牌热门职业，一直为众多年轻女性群体所青睐。作为一种三分靠颜值、七分靠才干的职业，外加空调房、写字楼与五险一金，一直以来都是求职的热门。随着女性受教育程度的普及，女性求职者也与日俱增，白领族未来有大好的发展前景和巨大的竞争压力，优中选优的话，只有软硬实力兼备的求职者才会从中脱颖而出。

合适的举止礼仪很重要

　　在日常生活中，凡事都有一个"度"的标准，任何事情过度了都会物极必反，举止礼仪方面更是如此。就拿亲吻这件事情来说，中外就有一些观念上的差异：在国外，亲吻代表着一种热情欢迎的仪式，所以他们的接吻会随意地发生在镁光灯下、在马路边、在他们认为任何一种情到浓处的情形下；而在中国，由于受几千年保守的儒家思想的熏陶，接吻就显得保守和内敛多了。所以，不同国家和不同地区的人，对待相同礼仪举止的态度和观点可能存在着很大的差异，与不同的人在不同的场合相处，恰当的礼仪显得尤为重要。

我们有必要在公共场合注意自己的行为举止,我们身边因为言谈举止不当引发冲突的情况比比皆是,因言谈举止不当错失良机的例子也多如牛毛。

我叔叔曾经作为公司的股东代表去和一个年轻人谈技术合作入股的问题,本来双方已经多次通过电话协商达成了基本共识,只等这次会面各自确认一下,提交相关手续和方案即可签约成功。正式见面那天,叔叔和他约在了一家高级餐厅见面,他们的交谈甚是投机。谁也没有料到的是,在临走时那个年轻人不经意间随地吐了一口痰,这一习以为常的举动让叔叔对他的印象大打折扣。作为一家食品公司的股东,他的这种行为让叔叔对他的后续食品安全很不放心,最后还是未能签约成功,另找了其他公司合作。叔叔说:"技术上的略逊一筹可以通过时间弥补,但是礼仪举止的差池往往反映出一个人的人品和素质的优劣,这种有才无德的人,并不是一时半会儿可以转变过来的,这样的人,我们公司不敢合作。"

只因一个马蹄铁就毁了一匹汗血宝马。微小的行为举止最能体现一个人的思想和素质,不合适的举止礼仪对一个人的职业生涯产生了如此重大的影响,他因此而错失原本属于他的发光舞台和展示自我的宝贵机会,到最后,他的才华被浪费。如若他的行为在今后没有根本性的改变,就不可能取得别人的认可和让人羡慕的成就。

作为一个成年人,我们应该以严格的要求来审视自己的行为举止,这才算得上一个合格的人。要想在人与人的交往中赢得别人的尊敬和信任,就应该在自己的行为举止上多多留意,不要用行动去冲撞常规意义上的礼仪、冲撞他人,不要纵容自己不顾别人的感受和让别人难堪的极其自私的行为。换位思考,我们不愿意做那样的人,也不愿意被别人嘲笑,所以我们有必要把控好自己的日常行为举止,做一个内修外达的成年人,不动声色地赢得别人内心的赞赏和尊崇。

我们都欣赏那些在小细节和小举止上关照别人情绪的人,他们的存在总是让我们对世界平添了几分善念。比如,遇见交通事故第一个拨通110的路人甲,大声提醒陌生人重要物件掉地的年轻人,火车上买了坐票却让身边站着的人也就着坐一下的乘客,还有那个看到我们准备冲往电梯口就替我们按住电梯门的那个人,等等。那些帮助过我们的人,也许和我们只是萍水相逢,但是他们用小小的举止和小小的礼仪帮助我们渡过一点难关,小小的细节其实已经充分表明了他们的日常操守。

合适的举止礼仪很重要。在不同场合,对待不同的个体就要采用适合他的举止礼仪,那才是正确的,才是适合对方的。由此也能展现我们自己的内在品质。

CHAPTER 8

第八章

细节把控，让你成为社交达人

绅士不能没有的细节

在当今社会，社交已经成为我们每个人必不可缺的"主修课程"。为了满足基本需求，人们需要社交，有时候社交甚至是一种寻求自我满足和体现自我价值的方式。那么，如何很好地去把握社交这门艺术呢？俗话说，细节决定成败，其实社交也一样。只要你细心观察，就会发现那些社交的小窍门往往体现在一些细节中。细节把控，让你成为社交达人。

在日常生活中，人们往往把那些行为举止优雅、合乎礼仪的男士称为绅士，这也是对他们在社交场合中的一种认可。那么，如何才能成为一个令人欣赏的绅士呢？可能很多人觉得成为绅士很难，于是就说反正我也不是绅士，也不想当什么绅士，所以就不顾及一些有关的小细节。事实上，绅士的行为我们每个人都是力所能及的，只要稍加留意，就可以成为别人眼中的绅士。

第一，与人谈话时，最好直视对方的眼睛

其实这不仅仅是男性应该注意的问题，也是女性应该注意的问题，只是比起女性，男生不注视对方的眼睛往往会显得更加不尊重对方。试想一下，如果一男一女在进行交流，但是男性并没有注视女性的眼睛，而是在漫无目的地乱看，女性肯定会觉得男性对自己极其不尊重，也在一定程度上反映出男性内心的不正直，这时候再想做一个绅士肯定是不可能了。所以做一个绅士，一定要培养正直的性格和与人交往的态度，不要东张西望、眼神飘忽不定，谈话时与人距离不要太过靠近，并且应尽量找些轻松的话题，避免尴尬；在与人进行交谈时，也要保持注意力集中，注意力的集中往往能够表现出一个人的精神状态，如果心不在焉，同样是对别人的不尊重，如果连交谈都进行不下去，还如何谈及绅士的表现呢？

年前的时候陪表妹相亲，对面坐的男生听说是名牌大学毕业，并且就职于上海某著名公司，长得也是一表人才，家庭条件也还不错。我觉得这样的人挺优秀的，与表妹比较般配，但是表妹却对他很反感，因为相亲的时候，这位男生时不时地拿起手机看，说话时也心不在焉。表妹说："暂且不说其他的，就算是用手机工作，也没必要在相亲的时候吧？这样不尊重别人，以后在一起了会怎样？"的确，有时候女性并不看重男性的金钱地位，相反，她们更需要一个善于体贴、懂得安慰自己的男人。这个要求也许不高，但是很多人却不见得能够做到。

第二，与人握手也是一种礼节

这在此前也提到过。那么作为绅士，又该如何与女性进行握手的呢？在有女性进入房间时，应主动站起来与她打招呼；握手时，只需轻轻握住她的手指即可，这样既进行了握手礼节，也尊重了女性，同时也突出了自己的绅士风度。千万不要握住女性的手过多，也不要太用力，或者握得太久，这样都会显得极其不礼貌，对女性也是一种不尊重。试想一下，哪个女性愿意被男性握手太久？假如男性用力太大，弄疼了女性，岂不显得太粗鲁？而绅士必定应该是一个懂得尊重他人、有怜香惜玉之心的人。

第三，有约会时，应提前到场，迟到是大忌

很多时候不管是和同性约会，还是和异性相约，一定要记得不能迟到，因为迟到是人际交往中的大忌。不迟到是对约见的人的一种尊重，没有谁希望自己一直等待，毕竟每个人的时间都很宝贵，约好了时间就不要迟到。如果遇到临时有事或者其他突发情况，一定要记着提前说明，这样对方也能根据彼此的情况选择下一步措施，而不至于依旧在约定地点干等。这是与任何人相约所应遵守的，也是绅士需要了解的。

第四，在着装上，绅士穿衣应简约而不失大方，不穿奇装异服，不穿颜色各异的袜子

这也是为什么我们在看西方绅士的时候会觉得他们有绅士的感觉。首先他们在衣着上有着特殊的要求，往往给人的第一印象很深刻，所以注意自己的装扮也是绅士应该做的事。虽然有的人会觉得绅士更应该注意自己的言行举止，这样理解也是正确的，毕竟很多时候绅士更代表着一种内在的修养，但是如果外表不加

以注意的话，也会缺少绅士的一种格调和状态。虽然不否认有些穿衣随便的人也会言行举止得当，但是比起穿着适当衣服的绅士，大家肯定对后者更青睐。

第五，除了在与别人进行交流期间需要注意一些问题，在公共场合也需要注意自己的言行举止

比如在电影院、餐厅等公共场合，将手机调成静音，不大声喧哗等。有时候很多人总是自以为是，不管是不是在公共场合，对别人根本不加以考虑，这样的人往往是被人所嫌弃厌恶的。作为绅士，这些细节必须要注意，要做到不管在任何场合，都能够充分尊重别人的存在。这不仅仅是绅士应该做的，更是我们所有人应该注意的事情，很多时候，绅士只是比我们做得更好一点罢了。

一个绅士需要极高的修养，但这种修养不是我们做不到的，只要我们注意一些细节问题，往往就能够抓住重点，也就更容易成为别人眼中的绅士。

爱的五种语言须细细把握

关于社交，美国的盖瑞·查普曼有一本书叫做《爱的五种语言》，该书介绍了如何处理与朋友、邻居、小孩、配偶、同事甚至所有人的人际关系。那么，这本书中所说的"爱的五种语言"是什么？我们又该如何把握呢？

第一，肯定的言辞

这是爱的第一种语言，也是极为重要的一个社交技巧。从一定程度上讲，我们内心深处都渴望被关怀、被肯定，有时候，别人一句赞赏、一句微不足道的肯定，都会产生意象不到的结果。多用欣赏的眼光看待身边的人，多给别人一些鼓励和赞许，能帮助你更好地社交。

不管我们是小孩子时还是慢慢长大的青少年时，是成年之后的现在或是在将要慢慢变老的将来，我们都希望得到别人的肯定，希望自己的努力得到别人的赞赏，这是很正常的表现。小时候我们想通过一张满分试卷得到爸爸妈妈的肯定；长大后想通过自己的学习成绩或是做的某些事来获得身边人的赞赏与肯定；后来进入职场，希望通过努力工作得到领导和客户的肯定……很多时候我们的价值就是在别人的肯定之中得到承认的，我们不想自己的努力白白浪费。由己推人，别人也同样需要我们的肯定，因此，我们在表达爱的时候，夸赞就是一种很重要的方式。当然肯定的言语也不是随意用来夸赞的，一定要选择合适的时机，比如在别人辛苦工作取得了相当的成就时，千万不要吝啬于自己的肯定言语。要知道，肯定的言语在肯定别人成就的同时，也在肯定自己。

作为一个公司的负责人，更应该经常性地鼓励员工。不管是员工取得了好的成就，还是因为某些原因没有成功，领导都不要只是着眼于结果，更要把握住员工的心理，适当地给予赞扬和鼓励，这样，员工也会对老板佩服有加、更加爱戴，同事间的相处也会十分融洽。

有时候，就是一句简单的肯定，便能够让别人改变沮丧的心情。试想，如果我们能够在别人心情很不好的时候，或者在别人失败的时候，依旧承认别人的付出，这对别人来说不是很好的鼓励吗？当然，有的人说可以自己鼓励自己，但是别人的肯定，更能让我们看到自己的优点，更能够促进彼此之间的感情。

第二，精心的时刻

时间是非常宝贵的东西，我们常说，如果有人愿意为你花时间，那他一定是很在乎你。在我们的社交生活中，如果你能花点心思为你的朋友或者爱人准备一点惊喜，那他们一定会更加喜欢你。

随着时代的发展，越来越多的人依赖于手机电脑，恨不得所有的事情都在电脑上解决，而自己只需要坐在办公室或是家里。这个时候，与别人直接面对面的交往就显得弥足珍贵，花费自己的时间与别人面对面地进行交谈，往往更有利于促进社交中彼此的情感。

记得表妹和我说起她大学时候的感情生活。她和男朋友是异地恋，两个人相隔几百公里，光是坐车就得半天，加上来回折腾，也得花费一天时间。再加上平日里两个人都很忙，表妹的男朋友学习体育，平时的训练也比较辛苦、集中，所以两个人见面并不是特别多。有天，表妹和她男朋友聊天，无意中说了一句很想他，她男朋友说等他来找她。表妹本来以为只是玩笑话，没想到到了当天晚上八点钟的时候，真的在宿舍楼下见到了男朋友。表妹说起那时候的感情总会无意地露出笑容，我相信她是幸福的。因为一句话，男朋友不怕舟车劳顿地赶来，这是需要决心的，更是需要爱的。

于我们而言也是一样，精心准备的时间和心意，一定可以让别人欢喜。在社交中，如果我们注意以此和别人进行交流，还愁我们交不到好的朋友吗！

第三，礼物

礼物是社交生活中必不可少的东西，尤其是在恋人间的交往中，礼物是提醒对方"我很在乎你"的一个重要标志，它能让人收获惊喜，也能增进感情。在中国有句古话叫"千里送鹅毛，礼轻情意重"，也就是说很多时候我们看重的不是礼物本身，而是礼物背后所承载的心意。如果你的朋友看重礼物本身的贵重，这样的朋友也就是属于酒肉朋友，不值得深交；真正的好朋友，不会在意你送了什么。

送礼物也很有学问，如果我们的礼物送得比较好，很可能会事半功倍，因为恰到好处的礼物更能传达出自己的心意；而不合适的礼物，反而可能会导致事与愿违。记得侄子过生日那天收到一个闹钟，他很不喜欢这个礼物，虽然他也知道送他礼物的朋友只是觉得送他一个闹钟，以便每天告诉他时间，叫他起床，但是他的朋友竟然不知道送闹钟意味着"送终"。连未成年的孩子都知道送礼物的含义，更何况我们成人之间的交往，很多时候就更需要注意了，否则，即使送了礼物，反而还不如不送礼物。

第四，服务的行动

服务的行动是指你主动愿意帮别人做的事。在爱情中，它可以理解为陪对方做喜欢的事情；在亲情中，它可以是帮父母做一次家务；在友情中，它可能是朋友生病时为他送去药品。这些服务的行动，会让别人觉得他很需要你。

很多时候我们只是动动嘴，说一句"爱你""想你""请你吃饭"，那真的是再简单不过了，但是需要用实际行动表达自我的时候，往往很多人就显得有点苍白了。这让我想到大学时候，我们班一个男生追到了班里最漂亮的女生，很多人都怀疑男生是不是采取了什么不正当手段，抑或是女生脑子"坏掉了"。后来，我们在食堂看到男生为女生端汤打饭,走路的时候提包打伞。听说男生一直追这个女生,锲而不舍,不像某些男生,在楼下喊几声"某某某我喜欢你",被拒绝后就没有行动了。这个男生一直默默无闻地坚持着对女生好,有人问过他这样做到底是不是值得的,男生说:"没什么值不值得,自己喜欢这样做,就算女生不答应也没什么。"

很多时候,我们的行动太抱有目的性,更甚者,我们不行动就想得到我们想要的。然而,世界上哪有那么多天上掉馅饼的事,用实际行动去证明自己的内心,往往比一句话更重要。不管是在恋爱中还是在社交中都是这样,假如社交中的朋友无意说了自己想要某件东西,而你用行动帮他得到了,你觉得这个朋友不会对你感激万分吗?

第五,身体的接触

肢体接触是人类沟通感情的一种方式,就好比我们在一些场合见到别人需要握手一样,朋友间的拥抱、恋人间的亲吻都能增进彼此间的感情。但是,身体接触最需要注意的一点,就是一定要有分寸,不恰当的身体接触会产生适得其反的效果。

很多时候,我们可能会忘记一个拥抱、一个抚摸,都能够给对方一些安慰。适当的身体接触,往往会增进彼此的感情,当然这需要看两个人之间的交情,以及特定的时间和场合,如果没有把握好其中的很多因素,恐怕身体接触反而会影响两个人之间的感情。

如何有效地安慰一个人？

在日常生活中，每个人都肯定会遇到各种让人难过的事情，这个时候，就很需要别人的关心和安慰。安慰的方式有很多种，也分很多情况，我们需要在合适的场合进行合适的安慰，也就是说掌握正确的安慰方式很重要。

不管是谁，作为有感情的生物，肯定不会一直保持快乐或是积极的状态。因此，安慰就显得格外重要了。如果我们能够学会安慰一个人，就能在别人不开心的时候让他变得开心。试想一下，一直处于不开心状态下的人，突然被我们安慰得开心了，一方面我们很有成就感，另一方面别人也一定会对我们心存感激。学会如何安慰一个人，对我们的社交还是非常有用的。

首先，我们应该学会观察，当身边的人情绪低落时应该能主动发现。

这就需要我们有一颗善于发现的心，时刻保持着细心，如果我们连对方情绪低落都没有发现，又如何谈及后续的安慰呢？很多时候我们能够直接感觉到对方的心情，在察觉到对方心情不好的时候，一定要理解同情对方，就算自己本来有很开心的事与别人分享，也不要太着急，同时要注意掩饰一下自己本来高兴的心情；如果我们心情也不好，那也需要掩饰一下我们的悲伤，否则两个悲伤的人在一起很可能会变得更加悲伤。当然，两个情绪低落的人也更可能会相互倾诉，最后变得没有那么难受，但是这需要我们自己发现和选择。

试想一下，如果别人正处于心情低落的时候，我们和他们商量什么事情，也不见得会得到我们想要的结果，所以我们要时刻关注周围人的心情变化，然后根据某些特殊情况再采取一些特殊的措施。如果没有把握住这点，那么就会被人说成没有眼色，那么后续的活动或是合作很可能也就泡汤了。

其次，发现了身边的人情绪不对，我们应该主动关怀。

主动关怀他人的情绪，但不要太过急躁，可以轻轻地询问一句，因为每个人喜欢的宣泄方式都不一样。有些人并不喜欢被打破砂锅问到底，可能只想自己安静地待着，自我消化，那么你应该给对方时间和空间；有些人可能需要你陪着他，或者什么都不说，或者只是一起聊聊天，缓解心情；有些人可能会把你当"垃圾桶"，不停地倾诉抱怨，你一定要耐心地开导。

在安慰对方的时候，一定要将自己想象成对方，想象对方的心情是怎样的，千万不要自以为对方是怎样怎样的，也不能刺激对方，否则很可能会导致更加严重的事情发生。

记得邻居小周说他在街上曾看到过一个少女在七楼阳台上站

了两个小时，准备跳楼。楼下围了很多人，也有消防警察尝试进行劝诫挽救。也许是等待的时间太长了，楼下很多看热闹的人竟然开始喊"赶快跳，跳完我要回家"，还不只是一两个人这样喊，而且其他人也没什么反对的声音。果然，不久这个少女就跳下去了，尝试营救的消防警察则痛声尖叫，事后一直一个人待着，久久处于自责之中。小周说，他从来没有见过竟然有人喊着快跳，这么多人的叫喊对少女来说自然是更大的刺激，更是加快了少女的死亡。

  虽然有的人可能会认为适当的刺激更能让一个心情失落的人快速振作起来，但是要知道，一个人处于心情失落的时候，内心和感情都是脆弱的，他已经无法再承受更大的惊险和刺激。千万不要说"刺激更能让一个人振奋"，虽然有那样的人，但却是少数，有几个人会承受得起极限程度的压力？

  因此在安慰一个人的时候，千万不要采取任何偏激的行为，一定要温和一些。有时候就像"温水煮青蛙"一样，只是这只"青蛙"是别人失落的心情。千万不能顺应心情失落者的低沉心情，否则只会使其依旧处于阴暗之中，更多时候我们要循循善诱，陪他们一起走出心理阴暗区。可以试图去了解对方为什么会心情不好，是因为某些事还是某些人，犹如"解铃还须系铃人"，很多时候我们知道了别人不开心的原因，才更容易采取相应的措施。

  夸赞和肯定一个心情极其失落的人会有极大的作用。另外，如果得知对方喜欢吃什么或是喜欢做什么事，也是一个很好的途径。还有，尽可能完成对方的梦想也是一个很好的办法，就像很多小孩子心情不好是因为没有得到自己想要的东西一样，如果得到了，很快就会从心情不好的状态中脱离出来。

设身处地往往能够让我们更加快速地找到解决问题的方法和途径。试想一下，如果我们处于心情失落期，那么我们期望别人如何做呢？是不是不希望在我们心情不好的时候别人过于兴奋，除非有一些关于我们的好消息？我们往往是因为工作、家庭或是交友上的问题而处于沮丧状态，换个角度，别人也是如此，所以抓住问题的关键，对症下药能够让我们更为快速有效地得到结果。利用一些说理，并且温柔相对，也有极大的帮助。

会不会道歉，决定了关系的走向

看到这个标题有人会问，道歉不是很简单的事吗？还有什么会与不会之分吗？其实不然，我们时常可以在身边见到这样的情况：两个人出现矛盾了，一个人放下架子去给另外一个人道歉，但是这个人很可能不买道歉的人的账，于是导致道歉的人更加生气，两个人的关系变得更加僵化。所以说，道歉也是一门学问，是否会道歉，事实上决定了两个人之间关系的走向，如果道歉合适，两个人的关系会变得比此前更好；但是如果歉道得不好，则很可能会使得两个人的关系变得更差。

刚开始工作的时候，公司有两个女同事不知道因为什么事闹了矛盾，两个人就互相不说话了。后来，其中一个女生程芬经过认真思考，觉得这件事很大责任在自己，于是准备向另一个女生唐沫道歉。她直接约唐沫去吃饭，由于唐沫本来就懒得和她交流，再加上不知道她是何居心，不想两个人再出现什么过激行为，就直接拒绝了她的邀请。这让程芬很是生气，自己本来已经主动来请求原谅了，唐沫却对此并不买账。

后来有同事建议程芬找个第三者从中间调和一下，程芬一听也是这么个道理，就找了公司另外一个同事对唐沫发出邀请，这个同事说完程芬的心声后，唐沫没有多想就直接答应了。吃饭后，两个人的关系缓和了很多，虽然有些略显尴尬，但是慢慢地，两个人之间没有了隔阂，并且成为了最好的朋友。后来唐沫说，如果当时程芬不找第三个人从中调和，很可能自己一直不会答应程芬的邀请。程芬也说，如果唐沫再不接受自己的邀请，自己就不会再道歉了。试想一下，如果两个人就此不再原谅对方，很可能还会因为道歉这回事变得更加憎恨对方。

在古代，古人就已经知道道歉的重要性了，比如负荆请罪的故事。廉颇是成名已久的武将，也立下赫赫战功，自然对蔺相如瞧不起，认为他仅仅是靠耍嘴皮子而有名的，直到听到蔺相如对家丁的解释，才明白是自己以小人之心度君子之腹了，而他也二话不说，便去负荆请罪。试想一下，如果他没有认识到自己的错误，那么将相不合，国家怎么能长久？也正因如此，才使赵国能够在战国七雄中立足。

道歉的重要性不言而明，大到国家社稷，小到家庭个人。在社交中，道歉可以说是一项基本技能。

记得老家有一个亲戚，夫妻两个人都在外地打工。后来丈夫慢慢混得不错，也有了点小钱，就开始鬼混。刚开始妻子对丈夫是睁一只眼闭一只眼，直到后来丈夫提出离婚，妻子才恍然大悟，全家人开始陷入紧张的气氛之中。后来在众人劝解之下，丈夫承认了自己的错误，妻子本来不想原谅的，但是听取了亲戚们的劝解，最后也接受了丈夫的道歉和认错。后来这个丈夫说，那是男人最真诚的道歉，自己错了自己得承认，但是如果妻子一直不原谅自己的道歉，自己恐怕也无路可退了。由此可见，有时候道歉足以影响一个家庭的未来。

当两个人有矛盾的时候，我们首先要找到矛盾所在。如果是别人的错，但是错并不是特别大，自己也可以主动道歉，这样更容易让对方意识到自己的错误，从而使矛盾更快地化解；如果是自己的错，那就更应该主动道歉，否则可能会因为某些事导致两个人出现更大的问题。只有知道了问题出在哪，才能抓住重点，在道歉的时候才能更加有切入点，并且以后不会再犯同样的错误。

其次，在道歉的时候，也要注意很多问题。比如道歉的时候态度应该真诚一些，良好的态度能够让别人看出我们道歉的诚恳以及为人的诚恳，这样的道歉才更加有意义。试想，谁愿意接受一个绷着脸的人的道歉？就算接受了，谁能保证后续不会再出现问题？所以在道歉的时候，一定要发自内心。

最后，也要注意道歉的方式。有时候也许口头上的一句"对不起"就可以了，但是有时候更需要一些实质行动，比如请吃饭或是买礼物。"负荆请罪"就是采取了实质行动的道歉，是很聪明、很有诚意的举动。而我们在道歉的时候，可以根据与对方关系的深浅，以及事情的严重性来进行选择。如果问题比较严重，我们却只是采取简单的道歉方式，很多时候是不能得到对方真正的原谅的；相反，如果事情比较轻，但是我们采取有分量的道歉，虽然更容易表现出我们的诚意，但又不是很有必要。

在我们身边每天都上演着这种道歉的事情，有时候对方不是需要你的一声"对不起"，而是你对问题的态度。

认识抱怨背后隐藏着的真相

现在很多人将抱怨视作情商低、戾气重的表现，但偏偏生活中越来越多的人喜欢抱怨、吐苦水。也许你会觉得很烦，但有时候，你有没有注意到一些抱怨的背后隐藏着的"真相"？往往在抱怨的背后隐藏着许多东西，聪明的人会以最快的速度了解其中的意义。很多时候不要简单地把别人的抱怨当做别人内心的发泄，在听别人抱怨、吐槽的时候，我们是不是也应该反思一下他的抱怨和吐槽对我们来说是不是有什么其他的暗示？

比如，如果你不经意间听到你的朋友抱怨同学一直问他借钱，你就应该想一想自己是不是欠他的钱了。这种情况经常发生，有时候我们借钱给自己的朋友，但是他不经意间忘记了，我们也不好意思要，只能通过别的方法旁敲侧击，让他想起来。就算你真的没有借这个朋友的钱，也可以深入地思考一下自己有没有借别人钱。很多时候，我们可能只是停留在别人抱怨的本身，而不能揭开事物外表的面纱，从而发现其内在的真相。真正聪明的人能够从每一件事背后，看到隐藏着的别人看不见的真相。

再比如，在公司里，你的同事一直在抱怨自己工作效率不高、无法集中精神工作，你应该想一想，自己有没有打扰到别人工作。可能很多时候很多人对这些东西并没有那么注意，但是当我们仔细关注这些的时候，我们就能发觉其中的别样含义，因为有时候只是别人不好意思直接说出自己的想法，而借助别样的方式进行宣泄和诉说。

　　当然，有时候别人的抱怨也可能是希望我们能够给予支持或是安慰。比如，有时候我们会听到同事说"今晚工作好多，又得加班了"，然后开始下意识地骂了骂生活、骂了骂现实和公司，这种情况下，也许他们只是简单地发泄一下，表示自己的不满；也许可能更想得到别人的同情与安慰；又或者有时候自己实在太累，想得到别人的一些帮助，比如帮忙缓解一下加班工作量。如果我们能够充分意识到抱怨背后的真相，并采取相应措施，那么我们在社交中就能处于主动的地位。

　　记得一个自己创业的朋友和我讲述了他的发家故事。大学期间，很多大学生会找一些兼职来做，一方面能够锻炼自己的能力，一方面也能够得到一些工资来改善自己的生活现状。有一次，有人在朋友面前抱怨"现在家教真难找，要么找不到，要么找到了不喜欢"，其他人则说道："能找到就已经很不错了，你还抱怨。"说着说着，这件事也就不了了之，但是我这个朋友却听者有心，他就在想为什么家教这么难找呢？有没有什么方法能够解决这个问题？后来经过了解，发现其实家长那边也在抱怨，觉得找不到好的家教，于是，这个朋友就思考如何解决双方的需求。他在大学附近开了一家家教中介公司，公司一成立，就取得了很好的成绩，不管是家长还是大学生，都对此大加赞赏。后来随着时代的发展，朋友的家教中介公司也慢慢拓宽了业务，并且开了分店，在整个城市的大学中都赫赫有名。久而久之，他就做起了全国连锁的大生意，为更多人提供更多的信息。

由此可见，任何事情都有表面的面纱和背后的真相，很多时候表面的面纱骗过了很多人，谁能够看到事物背后的真相，谁就是真正的非凡人物。不管是在人际交往中，还是在工作中，要想成为更优秀的人，都需要具备这种能力。而拥有这种能力并不难，只要稍加留意，很多事情的真相就会浮现在我们眼前。

面对别人的抱怨，很多时候我们可能也只是参与其中，顺便抱怨几句，但是这些抱怨并不能帮助我们解决任何问题。在社交中也是一样，假如有朋友在你面前抱怨，你能否想到一些方法去解决他这些抱怨中所出现的情况，如果能的话，对他来说，你就是一个有用的人，他一定会记着你。尤其是对新结识的人来说，如果我们想尽快让双方之间的交往更加密切、深入，那么注意对方的抱怨，了解其背后本相，并且想办法解决，这将极快地促进双方之间的情感交流。

此外，我们还要注意，平时越是很少抱怨的人，一旦抱怨起来就要更加留心，因为很多时候，这些平时不抱怨的人，抱怨起来一定是更大的事情；相反，那些经常抱怨的人可能会对任何大小事情都加以抱怨。不同抱怨的背后有着不同价值含量的真相，对此我们需要甄别并进行判断，唯有如此，才能尽快地发现有利于我们社交或是工作的抱怨。

所以，有时候看起来很让人厌恶的抱怨背后可能"另有隐情"，大家要细心对待，要学会用发掘的眼光看待抱怨，牢牢把握背后的真相，而不是仅仅将抱怨当做抱怨。这并不是一件简单的事，一旦做到了，我们的做人与社交可以说都提高了一个段位。

利用语气变化，让你成为"社交宠儿"

讲话是一门艺术，我们在社交生活中基本上都是通过对话交流的。人不同于动物，由于人类社会的发展，语言已经发展得愈加成熟且系统，这为我们之间的交流奠定了基础。但是，很多人只知道语言是进行交流的，却不见得能够把握住其中的技巧。

在人们的日常交流中，语言沟通是主要途径，而语气在其中有着非常重要的作用，往往一个肯定的语气能成就一件事，一个怀疑的语气则可能会阻止一件事。每个人都应该有这样的体会，同样的一句话用不同的语气表达出来的时候,突出的重点会有所变化,也会传达出我们内心的一些感情,比如,简单的一句"你在干嘛",用温柔的语气可能只是简单地询问你在做什么;而如果我们加强了语气,很可能会显示出我们在质疑对方的行为,我们想表达的是他们在做一些不好的事,或者是我们不希望他们做的事,再或者是一些不该他们做的事。同样的一句话,用不同的语气可以表达出不同的感觉,这就是语气的重要性。

现实生活中,有时候我们就是因为语气用得不那么注意,而导致很多意想不到的情况发生。同时,通过对别人语气的细心留意,也能够让我们发现对方的内心世界。一个朋友曾打电话给我,而我正在忙手头的事,于是回答得就有些心不在焉。寒暄了几句后,朋友突然问我是不是在忙,这一句询问瞬间震惊到了我,我以为隔着电话,朋友不会得知我正在忙其他的事。他说通过我回答时漫不经心的语气,就能感觉到我在忙。而朋友那一句询问的语气也让我感觉他对我的心不在焉有意见,并且希望我能够放下手头的事和他好好聊天,或者不要再聊了,我赶忙道了歉并承认自己确实有事,并非故意。

其实在生活中也一样,我们能够通过某些语气传达出我们想说的话,同样也能够通过别人的语气了解别人的心情和想要传达出的思想感情。语气的变化是一个人内心波动的直接体现,能够快速准确地把握住对方语气的变化,对我们进行社交有重要的指导性意义。试想一下,如果我们能够根据对方的语气变化,探知到对方心里感情和思维的变化,那么我们就能够采取相应的措施。"识时务者为俊杰",不管是与朋友的交往,还是与陌生人进行交谈,能够及时抓住社交中的主动权,我们才能更轻松地成为社交中的达人,在社交中得到一些我们需要的东西。

生活中常见的语气有几种,了解这些语气对我们进行日常交流有着重要作用:

第一,肯定的语气

习惯于使用肯定语气进行交流的人是非常自信的。当别人提出一个正确的观点的时候,你来肯定他,那么不仅能拉近你和他的距离,也会让他更加信任你;如果别人正处于怀疑的、不太能肯定的阶段,你给他一个肯定的语气,会让他有一种踏实的感觉,对于人际关系的提升也有很大的帮助。肯定的语气,往往干净利落,让人没有什么疑问,给人更加自信的感觉,如果感觉到对方是肯定的语气,那么不必说,我们也不需要过于担心。尤其是在进行合作交流的时候,往往肯定的语气更能够让彼此放心,久而久之才能成为彼此信任的合作伙伴。

第二,吞吞吐吐、低缓的语气

总是使用这种语气与人交流的人恐怕已经给人留下不好的印象了,这类人的性格多数比较软弱,缺乏自信。这时候你应该让他明白怎么做是对的,给他自信。用这种语气说话的人有时候是出于谨慎，因此我们在与之交往的时候，应该体现出自己的真诚，这样才更容易取得对方的信任。

第三，委婉、细弱的语气

当我们在做一件事的时候，如果对方更多的是不确定、委婉的语气，那么我们就需要知道原因是什么。万万不可把自己的观点强加在别人身上，而应去了解事情的本质，这样才不会被人拒绝，反而会使他人愿意对你敞开心扉，跟你打成一片。使用这种语气与我们交谈的人，可能对我们有一些排斥，我们更需要小心谨慎，更应该谦虚低调，这样才能慢慢地打开对方的心扉。

除此之外，还会有一些其他情况，比如有的时候对方可能会采取质疑、否定、强硬等语气进行交谈，但是不管是什么样的语气，我们都能够从中感受到对方说话的目的。及时感受到对方的语气，并采取相应的回应方式，往往更有助于人际交往。在社交中，我们彼此是公平的，应该给予对方更多自由的空间，不能惧怕对方的强硬语气，也不能欺压对方的软弱语气，如此，在社交中的交流才能够更加顺畅。否则，即使抓住了社交的主动权，却不得对方的欢喜，那么社交也没什么实质性的效果。

CHAPTER 9

第九章

适度幽默,在欢乐中构建人脉体系

冷笑话少讲为妙

"问你个问题啊,猴子不喜欢什么线?"

"猴子不喜欢什么线?我怎么知道猴子不喜欢什么线!"

"哈哈,傻了吧!猴子不喜欢平行线,因为没有相交(香蕉)!"

这答案一说出来,就会使人就不由地会心一笑:"抖机灵,这是我听过最冷的笑话了。"

这样抖机灵的笑话让彼此之间有了一丝微妙的亲近感,值得称赞。朋友间适当的一个冷笑话会让彼此感到幽默风趣,但要是一旦多了起来,难免会冷场,因为冷笑话内容本身无聊,通过谐音字、翻译、省略主语、理由不同的逻辑、不合理的断句或讲述特殊内容等方式,加之表演者的语气或表情,导致笑话具有特殊笑点,但如果听者不能迅速找到笑点,就不会引人发笑。

笑话本身的目的是让人快乐和愉悦,而冷笑话则是剑走偏锋,通过冷、独特、奇葩等猎奇的方式吸引人的注意,制造笑点。社交当中这样的笑话可能会让人一时觉得有趣,但是长期下来确实让人感到尴尬，反而本末倒置，失去了冷笑话本身是想要让人愉悦、促进彼此关系的功效。

冷笑话可能是初相识时引起话题的妙招，是冷战时调侃破冰的润滑剂，但讲一次两次是知情逗趣，讲多了就变成不解风情了。

为什么说冷笑话不适合过多用在社交当中呢？从冷笑话本身的不合理性出发分析：

从前有一只北极熊，在北极很无聊，于是它决定要去南极找企鹅玩。北极熊出发了，走啊走啊走啊，走了两年走到赤道，然后突然想起家里的天然气似乎没有关，北极熊于是回家关闭天然气。关好天然气后又一次出发，走啊走啊走啊，这次走了三年到了南极的企鹅家，北极熊敲门："嗨，企鹅，你在家吗？出来我们一起玩吧。"企鹅说："不玩。"

这个笑话想必大家都听过，看似有趣，富有故事性，但细细分析，贯穿了整个笑话的其实就是无厘头。常理而言，让一只北极熊到南极是一件不现实的事情，但是放在了冷笑话上面，却可以接受；而一只北极熊家里有天然气本身也是不可能的事情，但文中却做到了这一点，这样的理由让路途更加曲折；曲折的路途一般是为了衬托美好的结局的，我们一般会期待北极熊在经历了千辛万苦之后见到企鹅，企鹅会答应它一起玩耍的要求，这会让结局变得美丽动人，但冷笑话却一反常理，企鹅冷淡道"不玩"，然后故事就仓促结尾了。这就是典型的无厘头。

当朋友热火朝天地讨论一个明星、一部电视剧的时候，你如果和他们讲这样的一个笑话，可以想象，气氛马上就会冻结。在社交中，冷笑话并不适合在多人聊天的场合被大肆运用，因为它的无厘头会让人顿感无语，进而冷场。

在一段全然陌生的关系中，一个抖机灵的冷笑话会为彼此带来话题，让一段社交开始；当一段关系彼此尴尬的时候，一个冷笑话可能会让人发笑，进而重新升温。一个精致的冷笑话会锦上添花不假，但请记住，冷笑话永远不该是社交的主流，所以我们应该少讲冷笑话。

少了冷笑话社交不会进行不下去，作为替代，专业或者深入的某一方面的知识才是真正的感情促进器。两个陌生人之间讲一段冷笑话可能会让人哂然一笑，但如果彼此在音律、文章、书画上谈得来，你可能会获得一个一生的知己。

精致的社交，冷笑话少讲为妙。

开玩笑要分清对象

生活或工作中，适当地开个玩笑，能够活跃气氛，促进人际关系，也能使自己显得幽默，更受欢迎。但是，开玩笑要注意场合、时机，尤其要分清对象。

小时候，我们在学校会和老师同学开玩笑。与老师开玩笑和与同学开玩笑肯定是不一样的，与同学开玩笑会更加随意自由，但是与老师开玩笑势必要注意场合、时间以及我们开玩笑的内容，毕竟老师是我们的长辈，玩笑开不好的话，不仅会让老师尴尬，我们自己也会很尴尬；在家的时候，与父母开玩笑就显得更加随意，但是也要时刻注意开玩笑的内容，并不是所有玩笑都适合在家开。适当的玩笑往往能够给我们加分，不恰当的玩笑，往往会使我们显得不懂事。就像和朋友之间，偶尔可能会说一些荤段子，但是与老师父母肯定是万万不可的；相反，如果和朋友开一些过于正经严肃的玩笑，可能就会略显尴尬，反而不能体现出朋友之间的默契。

在上大学的时候听到一个笑话，说是有一天咖啡杯和玻璃杯同时走在路上，突然后面喊"小心啊，前面有车"，结果玻璃杯被压碎了，咖啡杯没有，这是为什么呢？因为咖啡杯有耳朵，但是玻璃杯没有啊。后来，一个朋友与父母对某些事有一些不同的看法，朋友发表了自己的意见，但是父母没听，当朋友的看法被证明是很正确的时候，他就对父母讲了这个笑话，结果可想而知，他的父母气不打一处来，说朋友都这么大了还不知道怎么说话。

同样是这个笑话，如果是父母讲给子女听，很多时候能够影射出子女不听话，相比直接打骂，这个笑话肯定更能缓解尴尬，既让子女知道自己错了，还体现了父母的幽默。相反，如果是子女给父母讲这个笑话，那就有一种蕴含讽刺的感觉，有不尊重长辈的意味。所以说，同样的一个笑话在和不同对象讲述的时候，会产生不同的效果，这也就要求我们在开玩笑的时候要多加注意，好的玩笑很多时候更容易展现我们的幽默，但是如果对象不合适，自然是莫名尴尬的。

在开玩笑的时候，我们应该注意彼此的关系，关系远近往往决定了我们聊天的基调，同样决定了我们聊天时开的玩笑的内容，如果掌控不好对象，很可能会使得我们陷入尴尬。同样，我们还需要注意聊天者的身份，和长辈聊天、和领导聊天、和同辈聊天或是和晚辈聊天，这都是不一样的，在与长辈或者领导聊天时，就要分外注意能不能开玩笑、开什么样的玩笑。很多时候我们与长辈领导聊天的时候是不能开玩笑的，但是如果能够在适当的时机开适当的玩笑，也未尝不可。

单位有一个新来的同事，他刚从大学毕业不久，对很多话也没有什么把握。有一次在工作的时候，他冷不丁地说："张总，为什么你这么年轻，头上的头发就开始变少了呢？难道是聪明绝顶？"周围的人都很尴尬地看着他，毕竟这都属于私事，就算谈论也不应该当着领导的面。新同事询问领导是不是聪明绝顶，从某种角度来说也是想夸领导很聪明，但是谁都知道这样说很不合适，大家都为他捏了一把汗。但是好在领导比较开明，只是说："哪有什么聪明绝顶啊，那是因为以前太努力，用功过头了，加上没有钱买好的洗发水，就导致头发越来越少了。"领导这一番话说出来，大家都对他佩服得五体投地。

新来的同事很显然没有跟合适的对象开合适的玩笑，假如与他交谈的是他的同学、朋友抑或是他的晚辈，那倒也没什么，问题是与他进行交流的是他的领导，这就很有风险，如果领导是那种古板的人，新来的同事肯定就麻烦了。相对比来说，领导开玩笑的对象就很合适，因为是在自己下属面前，他便用自己的笑话回应了新同事的笑话。

总之，开玩笑有时也是个技术活，一定要分清对象，不然可能会搬起石头砸自己的脚。

学几个幽默的笑话没坏处

一段关系刚刚开始时，难免会出现相顾无言的状态，两个全然陌生、互相不了解的人，怎么才能开始这段关系呢？

"有一次我骑电动车回家的时候，在一个没有人的巷子里面飙车。突然对面有一个大叔冲了出来，也骑得飞快。我一看不妙，大叫一声：'你左！我右！'然后那天我们两个人在街头的巷子里面躺了很久很久。"

"哈哈哈哈……"捧腹大笑过后，另一个人擦了擦笑出来的眼泪，带着微微笑意，也点头说了起来，"前两天我也看了一个笑话……"

你看，一段彼此陌生的关系马上出现了重合的交际点，两个人在双方互相并不了解的时候也能聊得热火朝天，在这样一段关系当中，笑话无疑是开始这段关系最简单、实用又能展现个人风趣的最佳方式。

学几个幽默笑话没什么不好，幽默的笑话除了能够使两个全然陌生的人之间产生熟悉感、产生话题之外，还能展现个人的风趣与幽默，优质的笑话会让你富有个人魅力。在适当的场合合理地挑选幽默而不低级的笑话，会让你在人群中脱颖而出，这本身也是一种能力。一个擅长在合适的时候讲合适的笑话的人，本身一定风趣和善，这样的人在社交关系中显然更迷人、更吃香。

讲幽默笑话除了能让两个全然陌生的人熟悉起来、展现个人的幽默风趣之外，还可以陶冶人的性情，一个经常看幽默笑话的人一定爱笑。有一句话是"爱笑的人运气不会太差"，同理，爱笑的人脾气也不会太差，能够经常对着一个小笑话会心微笑的人，也会给别人传递快乐。这样的朋友，谁不愿意拥有呢？除此之外，幽默笑话在能使人心情愉悦、待人接物和善的同时，对学习生活也有着积极的影响，一个好心态的人不会轻易被压力压倒。

同时，一个能讲幽默笑话的人对他人也有积极影响。如果你是一个总闷闷不乐的人，你身边有的也往往会是一群闷闷不乐的朋友，因为情绪是会传染的。但如果你身边能够拥有一个幽默逗趣的朋友，你会被他所讲的笑话打动，从而发自内心地感到快乐，抑郁会离你而去，快乐会向你招手。一个阴郁的朋友只会在你的天空遮起阴云，而一个快乐的朋友却能让你知道太阳的存在。在人际交往当中，我们都会选择给我们带来快乐的那个朋友，因为快乐会彼此传染。我们常说，"开口就将你逗笑的爱人千金不换，风趣幽默的朋友一个难求"，传播快乐的人可遇不可求，一个能将你的生活用欢声笑语点缀的人，会将你的生活变得花团锦簇，这种浪漫令人欣羡。

常言道，"笑一笑十年少"，多看笑话、多笑笑你会年轻而快乐。笑话的好处繁多，除了缓解抑郁，让你少一点难受，还能让你的生活永远充满热情，开心一笑，烦心事就会飞走，它让你成为一个大气的人，活得洒脱。同时在人际交往当中，笑话会让彼此之间的关系充满浪漫。学几个幽默笑话，不仅能够展开一段新的人际关系，还能让僵化的关系破冰。

面对和你冷战的朋友，当你拉不下脸开口的时候，不如发一个小小的笑话，于是自然而然地度过了尴尬，开始回温。不用怀疑，愿意将快乐分享给你的人，是真正愿意和你做朋友的人。

我们说了学几个幽默笑话的好处，但同时也要谨记，任何事情都应该注意度，否则过犹不及。同时，幽默笑话应该是精致的，而不是无厘头的无聊笑话，更不是黄色的污秽笑话，用那种粗鄙的笑话带来的友谊永远是低俗的，而不是积极的、向上的美好感情。

最后，在如今这个新媒体时代，网络社交也是社交的一种方式，而在网络上你永远不能马上了解一个人喜欢什么，在不能面对面交谈的网络社交关系中，如果你想和一个人创造友谊，那么不如发布一个笑话：

"今天我又看到了一个笑话,真是太好笑了,不能我一个人知道,望周知……"

然后将你的快乐分享,不消多时,下面马上涨起了评论:

"有趣……"

"哈哈哈哈,原来你也关注这个,私聊啊。"

"承包了我一天的笑点……"

于是,一段全然陌生的社交关系开始了。

用幽默化解尴尬气氛

古语有云:"昔有仓颉造字而鬼神泣也。"这句话的意思是说,当初人类学会了造字,使鬼神感到了危机感,让鬼神对人类有了戒心,但我们人类造字是为了寻求更好的发展、过上更好的生活,不是为了与鬼神作对。因此为了更好地与"鬼神"沟通,更好地安抚"鬼神"的情绪,人类又在自己的文字语言中加入了少许幽默,但可别小看了这加入的点点幽默,很多时候正是这少许幽默,化解了生活中尴尬的气氛。

对于幽默的运用有纸面上的和口语上的，而在当代，纸面上的幽默运用得最炉火纯青的当属林语堂和钱钟书先生，现在国内普遍认为"幽默"这个音译词就是由林语堂先生带入国内的。

林语堂在《幽默论》中写道："幽默有广义与狭义之分，在西文用法，常包括一切使人发笑的文字，连鄙俗的笑话在内。在狭义上，幽默是与郁剔、讥讽、揶揄区别的，这三四种风调，都含有笑的成分。不过笑原本有苦笑、狂笑、淡笑、傻笑各种的不同，又笑之立意态度，也各有不同，有的是酸辣，有的是和缓，有的是鄙薄，有的是同情，有的是片语解颐，有的是基于整个人生观，有思想的寄托。最上乘的幽默，自然是表示心灵的光辉与智慧的丰富。"

这段关于幽默的论断总结得极其到位，林语堂先生曾说"君子的讲演，应当像女人的裙子，越短越好"，"世界大同的理想生活，就是住在英国的乡下，屋里安装有美国制造的水电煤气管，有个中国厨子，有个日本太太，要是再有个法国情妇，那就更好了"，"中国人势运上升时都信儒教，而怀才不遇时都信道教，各自优游于竹林下，寄托于山水中，怡养性情去了"……林语堂先生这几句话通俗却又不粗俗，以简单易懂、轻松诙谐的寥寥数字，就表明了他对当下一些时事的看法，不愧是语言上的幽默大师。

说到钱钟书先生的幽默就必然绕不开他的经典小说《围城》，书中关于幽默的例子不胜枚举。比如，"许多人谈婚姻，语气仿佛是同性之间的爱情，不是看中女孩子本人，是羡慕她的父亲或是她的兄弟姐妹"，"说女人有才学，就仿佛赞美一朵花，说它在天平上称起来有白菜番薯的斤两。真聪明的女人决不会用功做成才女，她只会如鸟儿一般做些巧妙的偷懒"。曾经有个外国友人看了《围城》后，提出想见见钱钟书先生，钱钟书先生生性淡泊名利，可也不好一口回绝，然后就有了我们耳熟能详的"如果你吃到一个鸡蛋，觉得好吃，你又何必去认识下蛋的母鸡呢"。其实在《围城》中也不难看出，钱钟书先生认为幽默有一个很重要的特点：深情。不管如何嬉笑怒骂，幽默都是一个作家发自内心地喜爱这个不太完美的世界，喜爱身边那些或多或少都存在着些许缺陷的人，这正是幽默跟尖酸刻薄的本质区别。我认为，真正幽默的人必然是认清生活的真相后，依然热爱生活的人。深情者的幽默与"人无癖不可与交，以其无深情也；人无痴不可与交，以其无真气也"这句话其实是有着异曲同工之妙的。

纸面幽默固然可以开启民智，留于后人观赏，但纸面交流怎么说都是日常生活中的第二交流方式，说起幽默，怎么可以不谈语言这种在日常生活中的第一交流方式呢？说起语言上的幽默，国外有很多耳熟能详的幽默大师，而中国语言博大精深，自然和幽默这种语言调料也是一拍即合。

有时候幽默的回答更能让我们看到语言的巨大艺术魅力，大到国与国进行交往，小到个人之间的交往，都是无法避免幽默的。适当的幽默往往能够让我们更加如鱼得水，使我们能够更快速地表达出自己想要表达的意思。

那幽默在我们日常生活中有用吗？答案是肯定的，不仅有用，还非常有用。

有一次，在公交车上碰到了一对年轻的情侣，女生特别爱玩，当着所有乘客的面，对她男朋友突然来了一句："葵花点穴手！"当时所有乘客都将目光投向那个男生，等着看他的反应。只见他呆呆地站在那里，特别尴尬地对那个女生说道："媳妇儿，快别闹了，这么多人都看着呢，快给我解开。"遇见这样懂得幽默的男生，那个姑娘想必会很幸福吧。

其实，幽默并不需要一个人有多么风趣，也不需要一个人有多么博学，他只要真心热爱生活，真心热爱周围的人，想让周围的人变得快乐，幽默也就自然而然流露出来了。

幽默这种技能，只要你想学就可以习得，并且幽默可以在生活中极大地帮助你化解尴尬气氛，拉近人与人之间的距离。不管任何时候，恰当的幽默都会给我们带来很多意想不到的效果。怎么样，你准备好成为一个幽默的人了吗？

幽默的人人缘好

你的身边会不会有这样一个人：他平淡无奇，却总是有讲不完的梗、说不完的段子，让你在轻松欢笑之余生出一股相见恨晚之情。或许有着另外一个人，尽管他待人和善、彬彬有礼，可你总觉得和他在一起有着无形的压力，仿佛周围的空气都因此变得沉闷起来。其实这就是有无幽默感的区别，幽默感的神奇之处在于，它能够给你带来好的人缘。

幽默能够营造出一种轻松愉快的氛围。在一些节目或者活动刚开始时，通常会有"暖场"的流程。一个主持人面对一群素不相识的观众，如何能让大家彼此熟悉起来？如何能调动气氛获得观众的喜爱呢？这就要考验主持人的水平了。除了稳健的台风和良好的口才，最重要的是幽默感。在极短的时间内，发掘出一个小小的笑点，或是抛出一个大家能会心一笑的梗，可以无限增加大家的归属感，好像大家本就相知、相熟，互为知己，那么接下来的活动必定互动热情。在生活中，大家往往也会选择和有趣的人做朋友，谁都愿意在闲暇的时候听几个妙趣横生的小故事，舒舒心心地大笑几声，而不是默默地听着那一板一眼好似教育的话语,或是悲悲戚戚、哀哀怨怨的诉苦。

幽默最显著的作用就是缓解尴尬。记得之前公司发生的一件非常有趣的事:在办公室,一个同事去找领导说事,结果不小心碰倒了领导办公桌上的墨水,因而弄脏了领导的裤子。同事顿时有些不知所措,只见领导说:"难道你认为我只有这么一条裤子吗?"作为一个坚决果断的领导,显然不适合温言细语地安慰同事,而他用一句诙谐幽默的话打破了尴尬的场景,也缓解了同事的不安,与此同时更是提升了个人的魅力。作为上级领导,他为了照顾一个下属的情绪愿意自嘲、抖机灵,这本身就是一个很吸引人的反差。虽然只是简单的一句话,但是能够体现出领导的胸襟,在严厉而又略带轻松的环境中,缓解了这次尴尬。所以在遇到尴尬的情况下,不妨试着幽默一下,给自己和他人找个台阶下,让安静凝滞的气氛变得轻松起来。

幽默同样能化解矛盾。一个朋友娶了一个暴躁的妻子,虽然我们一直说他应该找一个温柔的妻子,但是这个朋友每次都说,很多时候别人的暴躁是因为你的原因。有一次,我们在他家聊天,他的妻子在洗衣服,想让朋友帮一下忙,但是此时朋友正与我们聊得火热,也就忘记这回事了。妻子越想越气,最后干脆直接端起一盆脏水全都浇在了朋友的身上。当时,在场的人都不知道如何是好,朋友却忽然大笑起来,大家都很震惊地看着他,他说:"没有什么,大风雷鸣过后,必有大雨嘛,我们应当习以为常了!"

冷静下来的妻子也发现了自己的冲动，道歉过后两人便重归于好。所以在针锋相对、一触即发的情况下，可以用幽默来化解，没准能成就一段化干戈为玉帛的佳话。

如果你是一个公众人物或是地位比较高的人，就更应该学会幽默。身处高位的人通常都会认真、严肃一些，这会让人觉得你端架子或是爱耍大牌，这让很多人都苦不堪言：明明没有给自己设定高冷范儿的人设呀。这种社会状况也使得"接地气"这个词迅速流行起来，一些官方的微博一改之前严肃正经的画风，变得调皮起来，在网友们纷纷评论"皮这一下很开心"的同时，微博的转发数也蹭蹭上涨，宣传的目的也就能够很好达到了。而一些明星则采用了自黑的策略，抢在黑粉到达之前先自嘲一番，让大家明白明星也是普通人，有颜值不在线的时候，也有许多小缺点，不仅仅打破了别有用心的人想要踩你一脚的计划，更是获得了粉丝的认同感，收获了一大波路人缘。

上升到人生哲理来讲，幽默是豁达自信的体现，折射出知识底蕴和人生经验。身处困境之中，一直自怨自艾是无法走出情绪的阴影的，与其让事态向着越来越糟的方向发展，不如和自己开一个小玩笑，这样的"苦中作乐"至少让生活变得有趣。而敢于将自己的缺陷暴露出来并且进行一番自我抨击的，是能够直面缺陷、战胜自我的人，一个敢于戳自己痛处的人又怎么会被生活中鸡毛蒜皮的小事所困扰呢！同时，幽默感除了天分之外，更需要知识与经验的积累，缺乏知识的储备就缺少谈资，即使努力地搞笑也只会让人觉得用力过猛。真正的幽默是智慧，出其不意地展现出你的狡黠和才华，让别人在欢笑的同时也能欣赏你。

怎样才能成为一个幽默的人呢？

首先，你需要拥有相对广博的知识和较为丰富的生活体验。幽默并不是空中楼阁，它是基于知识的一种升华，如果讲段子的人本身对于讨论的事物并不了解，只是网上背背段子，跟风强行搞笑的话，成为玩笑的将会是他自己。

其次，你需要有敏捷的反应能力。即使是被使用过的老梗，也可以在不同的情境中做出适当的改变，使它产生新的笑点，拥有这种机智思想的人无论在哪里都会是焦点。

最后，你需要有较高的审美能力。被人们欣赏并且广为接受的幽默，可以是无伤大雅或是有情趣的抖机灵，也可以是缓解尴尬的自嘲自黑，但是那些粗俗的笑话却不适合出现在社交场合，虽然它们也能使人捧腹大笑，但是那个自以为幽默的人从此会在其他人眼中留下粗鲁低俗的印象，这就得不偿失了。

其实成为一个幽默的人是急不得的，往往需要我们关注身边的一切，久而久之，我们也就明白了幽默的重要性和如何说出幽默的话来。

幽默，不仅仅是为人处世的手段，更是生活态度的表达。一且达到了幽默的境界，平凡的生活也罢，枯燥的工作也罢，其实处处有光彩。成为幽默的人吧，给身边的人带来春风化雨的愉悦感，你的内在修养和外在气质都会散发出魅力，最终花香蝶自来。

幽默是一种闪闪发光的品质

幽默感作为个人性格特质中的一部分，常常能在社会交往中迸发出难以预料的喜剧效果，从而缓解紧张气氛，甚至能在局势一发不可收拾的时候力挽狂澜。有人格魅力的人，幽默就常常是他们的标签，和这种灵魂有趣的人在一起相处共事，往往会使得繁冗的工作也变得活泼有趣，使得乏味无聊的生活也变得丰富多彩。

一个自带幽默感和喜剧精神的人善于从繁冗逼仄的生活中发现有趣的风景，有一颗善于发现、欣赏美好和趣味的心灵。古今中外，富有幽默感的人常能在尴尬乃至危机时刻化大为小、化小为无，在社交场上、在生活中，他们扮演着举足轻重的角色。

人们喜欢跟富有幽默感的人进行交往，因为他们常常在看破生活的真相后仍然热爱并坚信自己的信仰，并且乐观看待，化苦难为力量，然后把成败得失变成生活中的笑容，这种行为是有高素质和大智慧的体现。所谓情商高的人，也不过就是那些在充分体谅别人、换位思考的基础上，还愿意在一些情形下主动化干戈为玉帛的人而已，他们常常看起来一副开玩笑的样子，其内核仍是源自于内心深处的善良和幽默的大智慧。

学习不太好的老家的小侄子刚参加完高考，正逢刚刚出成绩的日子，他那段时间遭到了七大姑八大姨的不停询问，话题的焦点在于他高考的分数。我在聆听他们谈话的时候，也感觉到场面一度陷入尴尬的境地。当我正在思索在什么时机岔开话题救场的时候，他突然灵机一动，站起来当着所有人的面说："清华今年在我们省的录取分数线是701分，我只差一分就可以上清华了。我今年考了七十分。"这时大家紧绷的弦终于在哄堂大笑中放松了，没有人再穷追猛打下去了。

毕竟都是成年人了，大家都懂得"给你台阶你抓紧时机赶紧下"这个基本的道理，况且，除了他至亲的少数亲人外，其余人也只是跟着起哄看热闹的吃瓜群众，他们之中没有人真的在乎他的具体分数。

有时候一些令人难堪的场面、一些鱼死网破的争执、一些剑拔弩张的情绪，会在一个富有幽默感的灵魂的感召下悄然冰释，在一片欢声笑语中，不仅没有对之前建立的感情进行破坏，反而推动着各自的友谊更好地向前发展。这些富有幽默感的人像是深海里会发光的鱼、黑夜里星星的光明，他们的出现总是挽救了一场场濒临绝境的场景，利用他们的高情商，用幽默感一次次填补了爱情、亲情、友情的漏洞。

所谓"伸手不打笑脸人"。有时候人与人之间也并非真的生气到不可原谅的地步，只是当时谁也不愿意先放低身段让对方一步，这时候如果有人站出来用幽默感缓解一下紧张的气氛，使得大家忍不住展颜一笑的话，谁也不会死死咬住对方的疏漏之处而怨气不平地争执下去。泯然一笑间，恩仇俱消散，感情再次重归于好。一个富有幽默感的人在一个家庭里就像一瓶强力胶水一般，用爱暖化人心，再大的裂痕也被他粘合成幸福的模样；若任职于职场，也会使得职场纠纷、利益冲突在他的灵机一动中得到有效的改观。

这样的人无论在哪里，都是一个受欢迎的人。这样可爱的人，朋友圈必然宽广，视野必不局限于条条框框，职场道路也必会更易得到贵人相助。一个富有幽默感的人，一个用幽默感来装点人际圈子的人，不仅自己活得精致有趣，也必然更易吸引到更多富有人格魅力的成功人士，他未来的路，必定比一个乏味的人更加宽广，前途更加远大。

影视、文学等艺术作品，但凡真正流传于后世的，其中一定不乏幽默元素。真正流于后世的大师和名作，即使是以严肃著称，也一定不乏幽默的特征，往往在幽默之中耐人寻味。

我们之所以要培养自己的幽默感，是因为它除了引人发笑、增添人生的趣味性之外，其还能促进我们的社交，帮助我们走向成功。再往深了说，幽默的品质可以促使我们善于发现生活中的美好，并使我们变得更自信、更宽容、更大气。因此，可以说幽默是一种闪闪发光的品质。